上海高校法学高原学科建设项目　资助
上海政法学院学术文库

LEGAL RESEARCH OF THE HIGHER EDUCATION STUDENT FINANCIAL ASSISTANCE

柯心 著

高等教育学生资助法律研究

中国法制出版社
CHINA LEGAL PUBLISHING HOUSE

自　序

免费高等教育曾经一度是国家福利的体现，然而新自由经济观却质疑其能否带来实质上的公平，因为“免费”福利主要被富裕阶层占据，而“花费”的却是全体纳税人的钱。高等教育成本与收益的冲突促使了高等教育市场化的全球趋势。市场思维引发了高等教育的学费制度变革，高等教育曾被认为是一项公益事业，然而当收取学费开始成为一种常规做法时，经济困难学生的求学障碍触发了教育不公的扳机。以美国为代表的高等教育发达国家纷纷通过立法途径确立高等教育学生资助制度体系，以期从法律层面确保资助的有效性，实现教育公平和社会和谐的目标。

在中国，教育资源始终存在总体稀缺与配置不均的问题，市场机制的引入在一定程度上扩充了教育资源的规模，但也引发了公众对“上不起学”的教育不公置疑。市场机制在教育领域无法有效提高资源利用效率和维护社会公平，市场出现了“失灵”。对此，我国政府近年来不断加强高等教育学生资助的投入与力度，无论从资助经费还是资助模式上都有所突破，然而与日益增多的受助需求、逐步丰富的资助模式、渐趋复杂的市场环境和不断增加的财政投入相对应的却是我国相关学生资助立法的严重缺失。国际经验表明，成功的学生资助离不开完善的法律体系支撑。因此，完善我国高等教育学生资助法律迫在眉睫，本文聚焦高等教育学生资助法律研究这一题目具有一定的理论提升意义和实践指导作用。

第一章研究高等教育学生资助的政策属性。从历史渊源、政策渊源和法律渊源三个方面阐述我国高等教育学生资助的发展脉络，在此基础上聚焦高等教育学生资助的基本概念、成因和特点，介绍我国高等教育学生资助的具体方式，总结其归属于财政政策的原因：一是学生资助是通过国家出台措施、办法等方式推动的，其制定主体是政府，因此具有明显的政策属性。二是学生资助主要通过经济方式实现，无论是有偿还是无偿、是否需要返还以及是否需要通过劳动获得，最终学生资助大多以货币的形式给付，具有明显的经济性。三是学生资助政策具有突出的经济效益追求，即实现高等教育资源的合理配置，消除高等教育市场上的教育不公平问题，以期达到社会整体利益最大化。四是从政策手段来看，学生资助主要通过政府预算、财政拨款、税收等实现，即通过国民收入分配政策、预算收支政策、税收政策、财政补贴政策等实现国家干预经济的财政杠杆目的。

第二章研究学生资助在高等教育规模化发展中的财政应对。任何上层建筑的构建都离不开所植根的经济基础。高等教育学生资助的法律研究同样也离不开对于高等教育市场经济的分析。市场机制带动了规模化发展，而教育公共产品的特性也使高等教育市场改革具有公益性与营利性并存、短期效益与长期效益并存、自治与他治并存的特点，这些特点在我国的高等教育规模化发展中同样体现。既然是市场机制，就存在无法发挥作用或者失灵的可能。基于对高等教育规模化发展中的存在问题与原因分析，确定学生资助所扮演的角色：即为高等教育提供重要的教育财力资源和资源配置方式，是高等教育规模化发展中兼顾效率与公平的平衡器，是公共财政投资人力资本的一种方式，保障了高等教育市场和谐发展。因此，有效的学费代替或补充制度、合理的教育资源配置制度、积极的人力资本提升制度、可行的税收间接干预制度都是学生资助对高等教育规模化发展中相关问题的应对，制度的运行也在一些国家获得了成功。

第三章对高等教育学生资助与政府干预的关系展开理论角度的分析。高等教育成本分担、人力资本投资、高等教育公平与机会均等理论是学生资助产生的经济理论基础。在市场经济环境中，研究不仅需要注重“无形之手”——广泛的市场经济基础理论，更应注重“有形之手”——政府干预理论基础。西方各国的政府干预理论、宏观调控理论和政府职能理论，构筑了学生资助合理存在的政治理论基础。通过演绎分析，从经济学、公共管理学、教育社会学的角度，进一步论证了市场经济下学生资助的政府干预属性。

第四章对高等教育学生资助与财政法之间的相互关系进行思考。归纳财政法在国家经济法体系内独有的价值追求、功能理念和法治目标，分析学生资助政策特征，提出在法治经济要求下，学生资助政策应尽快从行政手段上升为法律手段，并利用财政法在解决高等教育学生资助法律问题方面较民法、行政法具有追根溯源的特殊优势，假设学生资助法律研究应在财政法体系内予以架构，方能够充分发挥其功能。

第五章比较研究中美高等教育学生资助法律制度。美国的多元化资助体系具有鲜明的代表性，研究其重要的成文法规，可以考察美国政府对于学生资助法律制度的设计构想，以及通过这一制度行使国家适度干预经济，参与社会财富再分配，有效解决教育机会公平和教育资源有效配置的问题，承担政府对社会发展的主体责任。并且从中寻找出一个参照系，对比分析中国相关制度建立和发展的轨迹，总结立法中存在的问题。

第六章对中国高等教育学生资助相关法律展开深入研究。认为在现阶段我国高等教育学生资助法律应体现本国资助理念和符合高等教育市场经济发展趋势，以完整、稳定、系统地解决由高等教育资源配置不平衡、社会财富分配不均衡、地区发展不一致而产生的教育不公平问题，规范以高等教育学生资助法律形式安排的政府干预国民收入再分配的制度，彰显国家对公民教育权和发展权的重视和保护，并为社会主义高等教育市场经济的持续稳健运行提供最基本的保障。该章对高等教育学生资助法律的理念、形式与制度结构进行了归纳与设计，对高等教育学生资助法律关系进行了分析与明确，并提出要规范当前中国高等教育学生资助的突出问题，应从实体性制度和程序性制度两个方面，完善相关财政法律制度，包括高等教育学生资助的财政投入制度、财政转移支付制度、绩效评估制度以及法律责任制度。最后强调了中国高等教育学生资助法律的其它关注点：如资助资金的可持续发展、资助对象的确定、完善高校内部学生资助实施细则、创新高等教育学生资助育人机制等。

柯　心

2018 年 3 月

目录
Contents

引　言

美国著名社会学家默顿曾说过："新的理论研究起点往往有可能产生于一些不同寻常的现象。"① 对于博士研究生而言，撰写论文的首要任务就是选题，选择一个有趣且富有现实意义的题目既是对自身专注于社会科学研究的回应，又是对某些社会现象关注、解释的起点。

第一节　高等教育学生资助法律研究的问题

本文针对我国高等教育学生资助法律现状，提出关于相关法律思考，这个问题包涵着两个层次：一是高等教育学生资助法律研究的意义；二是高等教育学生资助法律完善的路径。

一、问题解决的必要性

从 1949 年新中国成立以来，中国高校学生资助形式随着国家社会经济的腾飞而不断变革，主要经历了四个发展时期，

---

① 罗伯特·金·默顿（Robert . K. Melton，1901—2003）：美国著名的社会学家，科学社会学的奠基人和结构功能主义流派的代表性人物之一，引自《社会学与社会组织》，浙江人民出版社 1968 年版，第 81 页。

从最初的“免学费”到“奖、助学金相结合”阶段、再到“奖、贷学金相结合”阶段、最后形成“多元混合资助”的体系。可以说，学生资助模式的变革与历史传统、文化背景和经济体制等因素密不可分。

2007年国务院《关于建立健全本科高校、高等职业学校和中等职业学校家庭经济困难学生资助政策体系的意见》颁布实施，标志着中国现行高等教育学生资助政策体系的建立。在其指导下，我国基本建立了国家奖学金、国家励志奖学金、国家助学金、助学贷款、师范生免费教育、退役士兵教育资助、学费补偿代偿、绿色通道、勤工助学、学费减免等多种形式有机结合的高等教育学生资助体系，从制度上保证了“不让一个学生因家庭经济困难而失学”的政策目标。

笔者十多年来一直从事一线学生工作，进入高等教育学生资助领域，并自2011年起专注和研究高等教育学生资助政策和工作实施。在实践中发现，与日益增多的受助需求、明显转变的资助理念、逐步丰富的资助模式、渐趋复杂的商业环境和不断增加的财政投入①相对应的是相关学生资助立法的严重缺失。当前高等教育学生资助最高层面的法律规定即是1999年颁布的《高等教育法》，其中关于家庭经济困难学生减免学费、获取奖助学金、参加勤工助学的规定，不仅时隔长远，而且作为高等教育的纲领性文件，必然地偏重宏

---

①《国家中长期教育改革和发展规划纲要（2010—2020年）》中期评估学生资助中期评估报告指出：2010—2014年五年期间，各级财政共投入学生资助资金达到3950.6亿元（不包括义务教育免费教科书、营养膳食补助资金），占当期资助经费总额的71%，其余来源为学校和社会资金。

观指导而简略具体规范。① 对应的法律文件仅有国务院颁布的一部行政法规②，再加上一系列分别由教育部、财政部、央行等出台的规范性文件。

与国内情况不同的是，在研究中发现，高等教育发达国家的学生资助法律位阶之高、类别之多、规范之细令人感叹，缘于较早重视学生资助立法，这些国家的相关法律起到了保障高等教育的普及和发展的重要作用，在对高等教育资源有效配置的同时，确保了教育公平。③ 美国、英国、日本等国家的学生资助立法，皆以法律形式授权政府出台高校学生资助政策并具

---

① 《高等教育法》第五十四条 高等学校的学生应当按照国家规定缴纳学费。家庭经济困难的学生，可以申请补助或者减免学费。

第五十五条 国家设立奖学金，并鼓励高等学校、企业事业组织、社会团体以及其他社会组织和个人按照国家有关规定设立各种形式的奖学金，对品学兼优的学生、国家规定的专业的学生以及到国家规定的地区工作的学生给予奖励。国家设立高等学校学生勤工助学基金和贷学金，并鼓励高等学校、企业事业组织、社会团体以及其他社会组织和个人设立各种形式的助学金，对家庭经济困难的学生提供帮助。获得贷学金及助学金的学生，应当履行相应的义务。

第五十六条 高等学校的学生在课余时间可以参加社会服务和勤工助学活动，但不得影响学业任务的完成。高等学校应当对学生的社会服务和勤工助学活动给予鼓励和支持，并进行引导和管理。

② 即2007年《国务院关于建立健全普通本科高校高等职业学校和中等职业学校家庭经济困难学生资助政策体系的意见》。

③ 根据美国大学委员会（College Board）发布的高等教育学费趋向报告，2009年美国全国公立大学的学费上涨了10.5%，仅次于2008年的13%，是最近十多年上涨幅度第二高的年份；私立大学和社区大学的学费也有所提高，涨幅分别达到6%和9%，这都远远超过了美国每年因为经济发展而使人均收入提高的涨幅，按照经济规律，学费上涨会引起入学率降低；但是，最近几年美国高等教育入学率却并没有受影响，反而一直保持在整体60%，18—22岁适龄青年80%左右，稳居世界前列。

体管理资助工作①，规定资助机构运行机制②和确定国家资助评价标准③。法律不仅使学生资助工作的实务操作更加规范，更重要的是将国家资助政策上升到法律的层面，充分运用法治思维发挥资助工作的应有功能，并且最大程度上避免政策的偏差、减少“人治”的干扰因素。

因此，对高等教育学生资助法律的研究迫在眉睫。《教育规划纲要》明确提出要落实四中全会“依法行政”精神，加快教育法制建设进程的紧迫性，要求尽快完善中国特色社会主义教育法律法规。高等教育发达国家的成功经验也论证了学生资助要实现其社会功能，与完备的法律体系支撑紧密关联。尽管从理论层面来看，高等教育学生资助相关法律的具体内涵有待进一步论证，社会公众对其理解和期待也存在很大的模糊性，但其对于中国高等教育的长久发展具有明确的存在价值，公众对其制度不断完善的希冀也得到确认。这为本文聚焦高等教育学生资助法律研究这

① 美国1958年《国防教育法》的出台标志着美国资助体系确立，设立“国防教育奖学金”。1964年《经济机会法》中批准了由政府出资的“校园工读资助方案”（campus works - study program）。1965年美国《高等教育法》首次以法律形式确定了联邦高等教育资助体系的合法地位，其所确定的资助对象主要是贫困生。1997年《希望奖学金减税法》（Hope Scholarship Credit）和《终身学习减税法》（Lifetime Learning Credit）进一步充实了美国联邦学生资助体系。英国《1962年教育法》规定，大学生获得的费用补助的两种类型；《罗宾斯报告》则提出了著名的“罗宾斯原则”，即“凡是能力和成绩合格、可以并愿意修高等教育课程的学生，都应该有接受高等教育的机会”。

② 日本法律明确规定政府贷学金管理机构的性质，过去学生贷款的经营机构育英会具有特殊法人的法律地位，现在的经营机构日本学生支援机构具有独立行政法人的性质。美国《确保学生持续获得贷款法案》（Ensuring Continued Access to Student Loans Act）则保证教育部能够从私人机构手中购买贷款。

③ 美国具有立法权的国会专门制定家庭经济困难学生的确认办法和计算公式，以供各级机构统一标准提供资助，维护了资助的公平公正。

一题目提供了深入研究的理性空间和良好契机。

二、问题解决的可能性

任何上层建筑的构建都离不开所植根的经济基础。高等教育学生资助的法律研究同样也离不开对高等教育市场经济的分析。从市场改革的现状来看，目前高等教育具有更强的商业性，市场主体间的竞争态势也在增强，更高的生产率带动了规模化发展。戴维·迪尔（David D. Dil）认为高等教育市场具有市场、类市场、准市场以及非市场等多重特性，其多重性的原因在于市场机制引导下的逻辑与思维，正在深入影响高等教育这一公共领域的个体行为。然而高等教育的市场改革也一直伴随着供求关系失衡、核心领域缺乏竞争、外部负效应存在、消费者权利难以体现、教育公平难以保障等失灵现象。在高等教育规模化发展前提下，国家应该为市场经济的平衡做出努力，以实现教育公平和高等教育的可持续发展。

如前所述，高等教育学生资助是关系到高等教育普及和发展的重要部分，对其法律研究势必应该关注如何运用法治手段解决高等教育规模化发展同时产生的问题，确保法治维度不偏不倚，真正地保护应有的权利客体，明确相关法律的价值①和理念。高等教育学生资助的法律目标应该是保护公民的受教育权，主要是通过社会财富的公平分配的途径，以实现教育公平、并追求高等教育的可持续发展和社会整体和谐。从现有的法律部门来看，一直以来为政府调控市场经济提供法律保障的正是国家的经济法体系，而该体系内的财政法赋予政府维护社

① 法的价值是指在作为主体的人与其客体的法之间，法对人的积极意义和有用性。法的价值导向是以法的理念为基础的，法的全部价值都渗透着或贯彻法的理念。

会财富分配公平和再分配的权力，财政法的“分配公平论”和“和谐价值论”也得到越来越多学者的认可，社会和谐是经济法律制度的基本价值，并包含着公平价值、效率价值和经济秩序价值。在社会和谐的价值导向下，其公平价值优先于效率价值、并通过维护社会经济秩序价值来服务于社会和谐价值的实现。①

高等教育学生资助法律的完善对公民和国家的积极意义与财政法的立法根本有着异曲同工之处。德国著名法学家耶林指出：“法律的目的是平衡个人利益与社会利益，实现利己主义与利他主义的结合。”② 在中国，作为宏观调控社会经济的法律制度——经济法体系，基于所保护利益的社会整体性、国家根本性和人类可持续发展性，“它应当是惠及全民的法律制度”。③财政法作为子部门法，除了富有经济法体系独有的社会责任感，同时对规范政府宏观调控经济的财政手段有着天生的法制优势。在研究国内外相关制度文件时发现，高等教育学生资助相关法律涉及“经济”或“财政”领域的程度非常高，如贷款、税收、信托、补助等。④ 因此，在财政法的框架下开

---

① 秩序在法的价值目标体系中，具有工具性价值的性质，它为其他价值目标的实现提供了现实的条件，没有秩序的存在，很难有法的其他价值。

② 转引自张文显：《二十世纪西方法哲学思潮研究》，法律出版社1996年版，第129页。

③ 徐孟洲：《经济法的理念和价值范畴探讨》，载《社会科学》2011年第1期。

④ 贷款方面有中国《关于进一步完善国家助学贷款工作的若干意见》、泰国《1998年泰国教育贷款基金法》、日本《日本育英会法》、美国《助学贷款改革法》等，税收方面有美国的《希望奖学金减税法》和《终生学习减税法》，信托方面有美国的《国家与社区信托法》提出学生可以为其大学教育或职业培训借钱，而以社区服务项目的工作进行偿还。

展高等教育学生资助法律研究，有助于学生资助工作事半功倍地实现保障社会公平、促进高等教育可持续发展及维护社会和谐的目标。

第二节 高等教育学生资助法律研究的意义

一、理论意义

上世纪末，随着中国高等教育学费改革和教育名额的扩充，高等教育学生资助体系引发了许多学者的关注，其中也不乏对其全局性、整体性的研究。但这些研究多局限于对资助理念、历史发展、育人效果、实施路径的介绍，以及聚焦于现行资助体系具体资助方式与功能的研究。与之相反的是，几乎没有学者对高等教育学生资助法律情况的归纳总结、研究创新展开详尽的分析和深入的探索。此外不少相关学术论文也主要聚焦在资助理念、发展模式、助学贷款专题研究等，但这些研究主要“就事论事”，除部分文章涉及助学贷款法律制度完善外，主要还是就资助政策而谈，基本未上升到法律理论研究层面。鉴于国内研究的片面性和单一性，当下通过法治思维的融会贯通，明确高等教育学生资助法律的价值理念，既有利于丰富和充实我国经济法体系理论研究，也可以为我国高等教育学生资助事业法治化进程提供借鉴，并为他人针对我国高等教育学生资助体系的研究提供参考，极具理论意义。

（一）扩展财政法学的理论研究对象

一国的经济法体系是依经济公益保护需要而制定的法律制

度体系，因而，经济法是保护经济公益之法，而不是保护经济私益之法。① 高等教育学生资助的保护对象看似是学生个体的受教育权益，实则与高等教育资源配置、市场秩序、社会公平、高等教育的可持续发展皆有关联。这个资助关系，应当在教育法治的背景下，由法律制度来保障。当一种社会关系需要法律调整时，调整的有效性和准确性取决于法律部门的正确选择。②

笔者进行经济法学的学习十余年，试图在经济法体系内寻求高等教育学生资助法律研究的法理因循，根据学生资助的政策属性和特征，将其与财政法维护社会分配公平、实现社会和谐发展的责任本位相关联，对高等教育学生资助法律进行较为深入和系统的研究，包括能否以财政法的价值与目标来论证学生资助作为财政法学研究范本的可能性与必然性，以及完善高等教育学生资助法律，并将其作为财政法学扩充法理研究的实践支撑，从而扩展财政法学的理论研究对象。

（二）加强高等教育学生资助法律研究的理论支撑

在中国法律法规规章司法解释全库的检索项中标题关键词选择“资助”，全文关键词选择“高校”，可得到如下结果：现行法律法规中，有行政法规 1 篇，部门规章 35 篇，其中与学生资助有关的 25 篇，其中教育部（教委）下发或参与下发的 23 篇，财政部参与下发的有 8 篇，民政部、林业局及全国学生资助管理中心各下发 1 篇。涉及内容与兵役相关的 3 篇，

① 刘水林：《经济法是什么——经济法的法哲学反思》，载《政治与法律》2014 年 10 期。

② 邱本：《论经济法改革》，载《国家检察官学院学报》2011 年 6 期。

与困难新生相关的7篇，与研究生相关的2篇，与贷款相关的2篇，与困难学生相关的6篇，与资助机构设立相关的2篇。2007年以前发布的8篇，2007年帮困资助政策体系建立后发布的27篇。由数据可知，我国高等教育学生资助法律的位阶之低、类别之简、规范之粗的情况令人担忧，其法治化进程才刚起步，能否在法治思维的引领下，灵活运用财政法的价值理念和原则，使得高等教育学生资助法律更具发展前景和具备更丰富的理论支撑。

二、现实意义

随着我国高等教育大众化进程的加快，如何承担高等教育费用的问题日益突出，而高等教育学生资助作为教育费用负担的重要弥补途径正受到社会大众的关注。在法律层面解决高等教育学生资助法律的价值理念、法律关系、制度设计与责任承担等问题，将会对我国高等教育的发展、社会的繁荣稳定以及经济的健康发展产生深远的影响。

相关报告对当前高等教育学生资助的绩效进行了评估①，表明在社会满意度总体高于80%的前提下，存在两个差异：第一，各教育阶段家庭经济困难学生资助比例②存在差异：在普通高中和学前教育相对较低，而义务教育、高等教育、中职教育则相对较高。第二，家庭经济困难学生资助力度③在不同

① 学生资助中期评估报告针对资助绩效的评估是从资助学生规模与资助比例、资助资金规模与资助力度、资助政策社会效果三方面展开的。

② 即受助家庭经济困难学生比上家庭经济困难学生总数。

③ 即家庭经济困难学生年度生均资助金额/家庭经济困难学生完成年度学业所需基本成本。

地域、不同教育阶段、不同类型学校之间存在差异。①国务院《关于建立健全本科高校、高等职业学校和中等职业学校家庭经济困难学生资助政策体系的意见》是针对各省市自治区直辖市、各级人民政府颁布的，该政策适用于中国大陆所有地区，而资助绩效的地域差异甚至是高校间的差异是如何产生的呢？是否可以理解为这种差异缘于政策的模糊、缺乏执行标准，抑或是执行不到位，缺少问责机制呢。

我国高校资助工作的实际效果并不理想，原因在于政策制订的人为影响和具体实施的不到位。②高等教育学生资助政策是在经济范畴下的公共政策③，要使政策准确无误地制定与执行，就应该实现政策的法治化。即指把政策的主体、程序等要素以法律规范的形式确立下来，赋予政策核心内容以法的效力，并进一步强调在国家治理中要把政策制定纳入法治轨道，要在政策领域应用和体现法治价值理念，要从法律层面上适当规定政策的程序，要对政策权力进行合理约束和问责。因此对我国高等教育学生资助的法律研究具有以下两点现实意义：

---

① 东部地区资助力度相对较大，西部地区次之，中部地区较小。研究生资助力度最大，普通高中、学前教育相对较小。本专科教育阶段资助力度公办高校高于民办高校，央属高校高于地方高校。

② 比如因资助理念局限导致资助政策或实施细则发生偏差，相关鼓励社会力量参与高等教育资助的配套制度缺失导致的资助来源渠道有限，社会信用体系不完善导致缺乏合理的贫困程度认定，资助方式缺乏个性化、系统化的整合，强调管理忽视育人导致的经济资助与精神励志失衡等问题。

③ 李卫华在《公共政策民主化、科学化、法制化的实现条件及其内在关联》中提到，所谓公共政策，一般是指政府为解决现实和潜在的社会问题而做出的决定与行为，是公共领域的行为规范、准则或指南。从根本上看，公共政策的目的和价值在于公共利益，公共政策就是关于公共利益的调整与分配的规则和方案。

（一）从法律层面明确高等教育学生资助事业的重要性

学生资助是解决大学生高等教育费用的重要措施，它对培养社会急需的人才具有积极作用，它还具有均衡高等教育入学机会、丰富高等教育费用支付结构、发展高等教育市场等现实意义。目前我国高等教育学生资助工作存在的突出问题一方面与区域经济发展不平衡、社会财富分配不均有关，另一方面也与自身的法律制度缺陷有关，这都需要通过法治化进程予以改善。

（二）从法律层面建全兼顾公平和效率的高等教育学生资助体系

高等教育学生资助工作的系统化需要在高等教育市场经济的前提下，以法制完善的路径进一步明确政策与经济的相互关系，完善体系机构以在实现社会公平的同时提升资助绩效。

无论是出于政治目的还是经济目的，学生资助是各国政府在高等教育领域普遍关注的方面，但各国学生资助的政策目标却存在差异，这种差异直接影响资助的绩效。目前中国的学生资助制度设计对于高等教育可持续发展的影响因素考虑得不够，政策目标仍停留在帮贫扶困的层面，应从法律层面提升高等教育学生资助的高度。

基于长期的经济法学专业研究，以及一线的学生资助工作实践经验，笔者希望运用所学的法学知识，通过对高等教育学生资助体系的详细分析，推动我国高等教育学生资助法治化进程，以期解决高校学生资助工作领域的困境，为我国高等教育学生资助体系的改革和完善敬献绵薄之力。

第三节 高等教育学生资助法律研究的现状

本文是笔者在对广泛收集的国内外文献资料进行充分消化吸收的基础上展开研究的：其中，国外文献资料主要是已经发表的学术论文和相关网络文献；而国内文献资料主要来源是中国知网、人大复印资料、中宏数据网、中国教育财政科学研究所等数据库中的论文与数据，政府相关政策及报告来源于教育部、全国学生资助管理中心网站。

一、相关研究数据

在中国期刊全文数据库中对2000—2015年的文献进行检索，以“高等教育资助”作为“题名”检索内容，在精确范围内共有194篇相关研究文献，具体分布见表1.1。

表1.1 中国期刊全文数据库检索到的“高等教育资助”文献发表情况①

年份	2000	2001	2002	2003	2004	2005	2006	2007
篇数	4	3	4	4	4	10	20	16
年份	2008	2009	2010	2011	2012	2013	2014	2015
篇数	16	15	21	16	16	14	12	19

在中国优秀博硕士学位论文全文数据库进行相同的精确检索，可以搜索到18篇学术论文，具体见表1.2。

① 此次检索完成于2016年6月3日。

表 1.2 中国期刊全文数据库检索到的“高等教育资助”硕博士论文情况①

年份	2000	2001	2002	2003	2004	2005	2006	2007
篇数	0	0	0	0	1	0	2	3
年份	2008	2009	2010	2011	2012	2013	2014	2015
篇数	0	2	3	0	1	2	2	2

在表 1.1 的检索结果中，再以“全文”检索项中输入“立法”或含“法律”进行精确检索，可得到如下结果：从 2000—2015 年共有 20 篇学术论文，涉及高等教育学生资助的法律讨论，见表 1.3。

表 1.3 中国期刊全文数据库检索到的“高等教育资助”且内容含“法律”或“立法”的文献②

年份	2000	2001	2002	2003	2004	2005	2006	2007
篇数	0	0	0	0	0	1	0	3
年份	2008	2009	2010	2011	2012	2013	2014	2015
篇数	1	2	6	3	0	1	1	2

在中国期刊全文数据库的检索项中选择“题名”并在检索词中输入“高等教育资助”，并含“法律”或“立法”的仅有 1 篇文献。③

从表 1.1 可以看出，2005 年前对高等教育学生资助的研究很少，2005 年开始增多，从而推动 2007 年中国高等教育学生资助政策体系形成。从表 1.2 可以看出，优秀博硕士对高等

① 此次检索完成于 2016 年 6 月 3 日。

② 此次检索完成于 2016 年 6 月 3 日。

③ 即张燕军：《美国联邦政府高等教育资助问题：法律的视角》，载《中国高教研究》2009 年 7 期。

教育学生资助的研究很少。从表 1.3 可以看出，我国对高等教育学生资助的法律立法的关注很少，从而说明本论文选题的现实意义。

二、关于高等教育学生资助体系的文献研究

对以上文献的分类整理和综合分析可以发现：从研究方法上看，超过八成以上的论文以描述性归纳方式为主，而实证法论证方法次之，通过数据归纳展现现象本质的最少。从研究对象上看，以学生资助体系的内容研究为主，有部分文献通过对现象的描述进行研究对象的界定，高等教育资助体系的政策特征、存在的利益冲突等为主要研究对象，其中几乎没有直接涉及高等教育学生资助的法律问题，最多仅在制度建议方面，略微提及立法的重要性。从研究成果上看，多以中外高等教育学生资助制度对比、完善我国高等教育学生资助体系路径等为主；从政策上升到法律，从人治转变为法治的研究成果严重缺乏。从最受关注的研究热点上看，大多数文献将分析高等教育学生资助现存问题作为实践基础，它们聚焦在各项具体学生资助措施，其中尤以助学金和助学贷款的使用效率最受关注。

从高等教育学生资助的历史传统来看，中国的政策实施与学术研究历史都相对较短，在新中国成立以后最初的十几年间，基本还处于政策试行阶段，更未进入到理论研究的领域。随着高等教育市场化、国际化的发展，我国市场经济改革和学费制度确立后，高校贫困生问题日益加剧。国内学者们对高等教育学生资助体系的研究开始增多，关注点也发生了转变，从国外先进经验的介绍引入，到高等教育学生资助政策体系的本土化研究，进一步倾向通过设计各个资助模式在资助体系中的合理比例以获得更具操作性的实际措施，更有“以人为本”

理念下学生资助的育人功能探索。近年来，在法治教育背景下，也有个别视角开始投向法律制度的研究，及其与经济学、政治学、社会学的交叉研究。

在参考国外高等教育学生资助体系的基础上，我国学者结合国情进行了初步探讨，发表了许多学术论文和专著。其中，在高等教育学生资助方面，张民选的《理想与选择：大学生资助政策的国际比较》最具代表性，该书通过历史分析、比较分析、分类分析等方法论，对各个时期影响高等教育资助的主要理念进行归纳，并详细介绍了我国现有的资助政策体系，这是我国第一本详细介绍高等教育学生资助问题的专著，该书为本文提供了极大的高等教育学生资助的理论支持。

纵观这些文献的切入点，基于不同学科的理论基础和不同实践领域的操作重点不同，研究者们从各自不同的角度建立了高等教育学生资助的研究范式，主要有以下三种：

（一）高等教育功能研究范式

如《高校家庭经济困难学生的资助特征与资助悖论》、《我国大学生资助体系的德育功能研究》等文章中，作者是高等教育工作者，具有一线教育经验，在此范式内，将学生资助作为高等教育的一项配备制度，研究其对于高等教育功能实现的辅助作用，并结合高等教育育人目标，从学生事务管理角度提升学生资助制度的有效性，解决学生资助的当下困境。

（二）创新思路的研究范式

如《高等教育机会均等与大学生资助政策变迁及新的挑战》《论高等教育学生资助的思想根源及方式选择》《高等教育私人支出、家庭贡献与资助需求分析》《高等教育大众化》

等，此类文章从创新高等教育资助工作研究方法和研究视角出发，为学生资助工作实践提供指导。

（三）比较借鉴的研究范式

如《美国高等教育中的学生资助及对我们的启示》《美国近年联邦教育资助述评》《美国高等教育成本、价格和学生资助》《澳大利亚高等教育资助体系探析》等，这类文章重点在于比较分析高等教育发达国家学生资助的经验，尤以美国的学生资助体系为主，为我国高等教育资助体系的本土化研究提供参考样本。

三、关于高等教育学生资助本源的文献研究

对于高等教育学生资助事业的产生本源的研究，大多数学者从社会公平、经济效益和政府管理的维度展开，以交叉理论的研究方式，丰富了学生资助的理论内涵。比如西蒙·马金森在《为什么高等教育市场不遵循经济学教科书》系统分析了新自由主义市场经济下，高等教育真正的市场改革受制于高等教育领域特定的内在限度（公共产品、地位竞争）以及与这些限度相关的政治因素。蒋凯在《理解高等教育市场：理论综述与比较》中从经济的角度分析了高等教育市场化的影响，指出了高等教育市场化中的问题及内生矛盾，因为教育属于“市场失灵”的公共物品，“政府必须监管、维持大众高等教育作为公共物品的公共教育（general education）、社会平等以及大学研究等”。这些文章对本文探寻高等教育学生资助本源提供了素材，促使笔者深入了解高等教育学生资助立法所植根的经济基础以及要解决的市场问题。

除此之外，社会学、经济学和政治学的相关理论性文献也

为高等教育学生资助的本源研究丰富了思路。比如布鲁斯·约翰斯通的《高等教育成本分担中的财政与政治》与《高等教育财政：问题与出路》将经济与政治相结合，阐明高等教育成本分担的理论观点。20 世纪 60 年代西方教育发展史上称为“教育的危机时代”的文献研究，从教育社会学的角度为教育“共生”和“冲突”问题提供理论支撑。郑秉文《公共物品、公共选择理论中的教育》及其他公共选择理论有关文献，得出教育是“优效型公共物品”的结论，他通过公共选择理论的引入，得出学生资助是政府在公共选择下的政策产物，并设想了教育代金券、学生贷款市场的创新路径。

四、关于高等教育学生资助法律的文献研究

关于高等教育学生资助相关法律制度的研究文献数量极少，往往掺杂在学生资助体系研究中，形同鸡肋失之可惜嚼之无味，大多数文献仅就资助立法的必要性提及一二，至多简单地提出一些立法建议，法学领域专门的论著更是没有，法学专业的硕博士论文仅有少数从国家助学贷款角度展开研究的。浙江大学博士生张燕军在《美国联邦政府高等教育资助问题：法律的视角》一文中通过对美国学生资助法律的比较分析，提出成功的学生资助法律应该要明确规定资助的重点、方式和额度，相关法案要相互衔接自成体系，要从立法创新以给予资助制度更大的政策空间，同时对我国相关法律提出了要具有可操作性、以法律为主将法律和政策相结合、加大对高等教育资助的力度等建议。该文在贫瘠的高等教育学生资助相关法律制度研究领域，给予笔者思路的开拓和写作的因循。

在高等教育学生资助法律研究的文献分析中，由于专业使

然，经济法的众多文献为本文的撰写提供了坚实的法理支撑。如徐孟洲《经济法的理念和价值范畴探讨》张守文《经济法基本原则的确立》以及众多经济法学大家的论著专著，系统研究了经济法的价值、理论和原则。此外，《财政法基本问题研究》《财政支出的法律控制研究》《美国联邦政府高等教育财政资助发展研究》《收入再分配之经济法调节》等硕博士论文也为本文开展高等教育学生资助法律研究的创新路径提供可能。

第四节　本文聚焦的研究方法与创新点

一、研究方法

（一）文献研究法

本文收集研究了大量有关高等教育学生资助的文献，包括国（境）内外各国基于公民的宪法权利而制定的保障受教育权和教育公平的法律法规，重点为中国的相关制度规定；近年来尤其是 2007 年后构成中国高等教育学生资助体系的各项政策文件；各学科如政治学、社会学、经济学等关于学生资助的研究文献，重点为法学视角下有关公民权利维护和国家权力规制的研究文献等。既有文献的梳理分析，一方面奠定了本论文研究的理论基础，同时也有助于本文在学习既有研究成果的基础上抓住突破的创新点，另一方面众多文献的比较可以在方法论的使用上有所进益，使得本文撰写可以构建较新的研究框架。

（二）理论研究法

本文着重对高等教育学生资助的源起以及政策的正当性方面进行相关理论的诊视。如高等教育经济学中关于成本分担、人力资本投入等理论，政治学、社会学中关于政府公共选择和社会责任本位等理论。高等教育学生资助在于解决教育公平的困境，是政府干预高等教育市场经济的积极作为，其理论基础是教育公平论和社会和谐论。本文研究了教育公平及其政府社会责任本位理论，以此为出发点，结合经济法法学理论研究，将理论融入贯穿于对高校教育学生资助法律研究的过程中，并试图丰富经济法法学理论，特别是财政法。

（三）比较分析方法

文章运用比较分析的方法主要对中美两国高等教育学生资助的法制情况加以阐述，归纳中国相关制度存在的问题，以期得出样本化的规制原则，并进行论述，在国外先进经验借鉴的同时，为中国高等教育学生资助法律本土化研究提供素材。

（四）规范分析方法

本文的立足点与研究成果应体现在相关法律研究的收获上，对既有规范的分析是进一步构建、完善将有规范的必然路径。我国现有高等教育学生资助相关法律根本没有一部专门规范的法律，只是通过大量的行政规章、司法性文件加以规制。因此，通过对现有高等教育学生资助法规及政策的文义解释，厘清我国高等教育学生资助立法脉络，是洞悉规范价值的研究手段，有助于提升本文命题解决的高度。

（五）法律经济分析方法

高等教育学生资助源于政府应对市场机制在高等教育领域的失效或失灵，其主要通过经济手段加以运作。这与经济学理论分不开，与政府与市场的关系辨析相联系。政府这只有形之手是必然要介入的，但如何适当地、依法地介入，就必须对法律制度的经济性深入探究，明确法律制度深层次上的经济目标和经济本质，为高等教育学生资助法律研究提供经济分析基础，这些都离不开法律经济学的研究分析方法。

二、创新点

（一）将高等教育学生资助本源作为法律研究的起点

本文通过对高等教育市场因素分析，改变以往法律研究者仅关注学生资助内容和范式的循规，直接深入其行为本源的探究，揭示高等教育学生资助与引入市场机制的因果关系，为高等教育学生资助的法律经济学研究确定了前提。

（二）在财政法框架下展开高等教育学生资助法律研究的诊释和掘进

即在高等教育市场经济行为分析基础上，以社会公平分配、市场平衡协调和社会和谐责任本位的法律价值理念，将高等教育学生资助问题纳入财政法的视野，即在现有财政法理论框架下，展开对高等教育学生资助相关法律理论的深入研究。同时，尝试结合高等教育学生资助的具体法治进路，将公平理念贯穿始终，对于“公共财政”的财政法理念具有促进作用。这是现有理论研究中未曾有过的。

（三）从政府干预及财政法角度提出完善高等教育学生资助的对策建议

所提出的具体对策建议，有利于更好地保障高等教育学生资助的资金投入和有效运行，促进其自身的持续健康发展；有利于更好地构建公共财政体系，对于解决当前突出的高等教育学生资助现实问题具有参考价值。

第一章　学生资助：一项富有人本关怀的财政政策

第一节　我国高等教育学生资助的渊源

一、历史渊源

中国高等教育学生资助政策的变革与国家社会经济的发展紧密相连。建国初期，百废待兴的经济建设需要大量高端人才，政府考虑到当时总体的收入水平，并受到苏联高等教育理念的影响，至改革开放之前，中国采用的都是“免学费”政策，而且政府还提供人民助学金以承担学生生活费用，可以说这一时期内学生资助政策总体上覆盖到高等教育的整体。“免费 + 助学金”的学生资助政策在全国范围内实施，并构成我国高等教育体制的重要组成部分。① 这一政策虽然在资助形式上显得单一，但却体现了国家在非常拮据的

① 1952 年 7 月 8 日政务院发出《关于调整全国高等学校及中等学校学生人民助学金的通知》；同年 7 月 23 日教育部发出《关于调整全国各级各类学校教职工工资及人民助学金标准的通知》；1977 年教育部、财政部颁发《关于普通高等学校、中等专业学校和技工学校实行人民助学金制度的办法》，一系列规定将我国的大学生资助政策置于这样一个完整的逻辑之中：青年学生是国家的财富，青年学生为国家上大学，国家为学生提供资助，学生毕业会服从国家分配，毕业生与其他人都为国家做贡献，因此也与其他人一样，获得同样的收入分配。

财政力量下对高等教育的重视，以及社会主义国家对于人人平等理念的追求。在这个资助政策的支持下，中国的高等教育重新起步，越来越多的平民百姓可以没有后顾之忧地走向求学之路。

改革开放为国家经济领域注入了崭新的市场活力，市场思维与市场机制开始融入各行各业，市场改革成为一种时代的趋势，在教育市场改革的浪潮中，高等教育首当其冲。“免费+助学金制度”在建国伊始对我国的高等教育起到了不容忽略的推动作用，体现了教育公平，然而在中国经济体制改革的背景下，商品经济与学生资助“大锅饭”属性格格不入。“效率”、“竞争”等市场理念逐步主导了高等教育的改革方向：首先，高校开始招收“委培生”和“自费生”，扩充了财政预算外的高等教育名额；其次在多种办学模式并存的前提下，逐步调整传统的学生资助政策，一边提高学生资助总额，一边改革资助结构，即降“助”增“奖”，通过提高奖学金力度发挥学生资助在高等教育育人功能的作用；最后就是资助理念的转变，从过去的平均主义、高等教育“大锅饭”，向竞争为主、效率优先、兼顾公平的理念转变。①

1987 年 7 月国家教育委员会、财政部共同颁布《普通高等学校本、专科学生实行奖学金制度的办法》，增设“奖学金”的资助政策改革，不单单是中国高等教育学生资助模式

① 1983 年教育部、财政部发出《关于颁发〈普通高等学校本、专科学生人民助学金暂行办法〉和〈普通高等学校本、专科学生人民奖学金试行办法〉的通知》。前者将人民助学金分为职工人民助学金和一般人民助学金。后者要求享受人民奖学金学生的人数近一两年暂按本专科学生总人数的 10%—15% 掌握，可分为几个等级，每个等级的金额应有高低之别，最高金额每年以不超过 150 元为宜。

的发展，更体现了政府乃至国民对于高等教育运行模式的观念转变，公众更加认可高等教育是国家对人力资本的一种投入，而这种投入是以高效产出为考核目标的，因此与义务教育等其他教育阶段有所不同，高等教育的资源分配最先引入了竞争意识，在学生资助方面则体现为以考查学生学习成果为依据的奖学金比例提升，越努力学习，成绩越好，越能获得更多的资助，这是中国高等教育学生资助迈出的重要一步。

同年，国家助学贷款制度也随着《普通高等学校本、专科学生实行贷款制度的办法》的颁布建立起来，高等教育的成本分担开始体现更多的市场思维，“谁受益、谁负担”。尽管学生资助的财政投入没有明显提升，但是由于资助理念和形式的改变，资助惠及了更广泛的群体，自此，“奖学金＋学生贷款”的资助体系使得我国高等教育学生资助发展开始顺应市场经济的要求，并渐渐向国际靠拢。①

市场逻辑渗透到高等教育经济发展模式，“收费”替代了“免费”，1997 年全国高校均实行缴费上学制度，标志着中国高校“免费时代”的终结。② 中国高等教育面临着教育资源严重不足、区域发展不平衡、教育机会不均等一系列难点、重点问题，发展模式的改革寄托了结构调整和解决问题的希望。学

① 1985 年到 1991 年，中国高等教育围绕高等教育办学体制、高等教育管理体制、高等教育投资体制、高等学校招生、收费和毕业生就业制度以及高等学校内部管理体制“五大体制”进行了改革。资助政策从给予无偿资助的“人民助学金”转变为以“奖优”为主的“奖学金”和需要偿还的“学生贷款”。这种有选择性、有针对性的奖学金及学生贷款资助模式的实施，标志着中国资助政策的重大变革，表明中国已摆脱苏联模式的影响，开始跟上国际高校资助的时代步伐。

② 1996 年原国家教委等部门颁发《高等学校收费管理暂行办法》，明确了高等教育属于非义务教育阶段，学校依据国家有关规定向学生收取学费。1997 年全国所有高校实行“并轨”，高等教育确立了缴费上学制度。

费制的开启，极大程度上扩充了原本紧张的财政资源，奠定了高等教育规模化发展的基础，而事实也正是如此，学费改革与扩招并行，触发了中国高等教育高速发展的二十年。然而事物的利弊总是相生相随，教育成本的分担给受教育对象及其家庭附加了更多的经济压力，除了应付日益上涨的学费，还要克服不断攀升的生活开支。传统学生资助单一的助、奖模式无法面对复杂的新形势，资助金额与学费标准难以匹配，学生资助在理念革新的同时开始新一轮政策调整。国家及政府自 1994 年开始，尝试推进勤工助学、“绿色通道”等新类型资助形式，同时坚持助、奖、贷为主体的“多元混合资助”模式，普及国家助学贷款、引入生源地助学贷款等措施，进一步加强国家与地方政府分级管理、分级承担的多元混合资助管理模式，以实现家庭经济困难学生顺利完成学业，维护教育公平和社会公平的目标。2007 年国发 13 号文发布，标志着中国高校资助完成了从单一形式至多种机制并存，到最终资助体系建成的历程。见表 2.1。

表 2.1 高等教育学生资助多元混合模式在我国的发展

时期	资助体系内容与阶段	相关文件
1994—1999	奖学金、学费减免、助学贷款、勤工助学、困难补助——初步建成体系	1994 年《关于普通高等学校设立勤工助学基金的通知》
1999—2007	奖学金、学费减免、助学贷款、勤工助学、困难补助、贫困生认定——进一步发展体系	2002 年《国家奖学金实施办法》 2004 年《进一步完善国家助学贷款工作若干意见的通知》 2007 年《关于认真做好高等学校家庭经济困难学生认定工作的指导意见》

续 表

时期	资助体系内容与阶段	相关文件
2007—至今	奖学金、减免学费、学生贷款、勤工助学、特困补助、贫困生认定、贷款风险补偿——建立健全体系	2007 年《国务院关于建立健全普通本科高校高等职业学校和中等职业学校家庭经济困难学生资助政策体系的意见》

二、政策渊源

如前所述，目前中国高等教育学生资助体系包括“奖、勤、助、贷、减（免）、补”等形式，建立了以困难补助为基础，以奖学金和助学贷款为主体，以勤工助学、学费减免为补充的混合资助体系。每种资助措施都表达了国家对于学生资助不同的关注点与着力点，但总体而言无一不体现着国家对经济困难学生的政策关怀。

2007 年国务院关于学生资助政策体系的建立意见明确了学生资助的指导思想、重要地位以及强大功能，①《意见》同时明确资助体系的主要目标和原则，肯定多元混合资助的发展道路，提出资助资金的多渠道来源，确立具体资助形式等。作为综合政策文件，其奠定了我国高校资助体系建立的政策基石，明确了中国高校资助体系的重要地位和总体思路。

---

① 《国务院关于建立健全普通本科高校高等职业学校和中等职业学校家庭经济困难学生资助政策体系的意见》（国发〔2007〕13 号）提出：建立健全家庭经济困难学生资助政策体系，使家庭经济困难学生能够上得起大学、接受职业教育，是实践“三个代表”重要思想、落实科学发展观、构建社会主义和谐社会的重要举措；是实施科教兴国和人才强国战略，优化教育结构，促进教育公平和社会公正的有效手段；是切实履行公共财政职能，推进基本公共服务均等化的必然要求。

在《意见》的统领要求下，教育部、财政部在2007年集中出台了一系列细化政策文件。① 这些文件以通知的形式，进一步细化完善了国发13号文的统领性要求，使得高等教育学生资助体系在实践层面具备更加详细的政策依据，也提高了高校资助体系的操作性、准确性和实效性。据统计，2007年至今，以教育部、财政部为主的各相关部门就高校资助体系政策的完善，推出七项措施，共计33份文件，见表2.2。

表2.2　2007年后高校资助体系相关政策统计表

资助政策类别	涉及文件数量（份）	涉及部委
奖学金（含励志奖）	9	财政部、教育部
国家助学金	2	财政部、教育部
助学贷款（含生源地）	16	财政部、教育部、银监会、国家开发银行、人民银行
勤工助学	3	财政部、教育部
学费减免	1	财政部、教育部
经济困难学生认定	1	财政部、教育部
绿色通道	1	教育部

① 具体包括：《关于认真做好高等学校家庭经济困难学生认定工作的指导意见》（教财〔2008〕8号），《关于印发〈普通本科高校、高等职业学校国家奖学金管理暂行办法〉的通知》（财教〔2007〕90号），《关于印发〈高等学校勤工助学管理办法〉的通知》（教财〔2007〕7号），《关于印发〈普通本科高校、高等职业学校国家励志奖学金管理暂行办法〉的通知》（财教〔2007〕91号），《关于印发〈普通本科高校、高等职业学校国家助学金管理暂行办法〉的通知》（财教〔2007〕92号），《国家开发银行关于在部分地区开展生源地信用助学贷款试点的通知》（财教〔2007〕135号），《关于印发〈高等学校毕业生学费和国家助学贷款代偿暂行办法〉的通知》（财教〔2009〕15号）等。

三、法律渊源

我国的法律渊源主要指宪法、法律、行政法规、地方性法规、规章、自治法规、经济特区的经济法规、国际条约与协定等制定法形式。按图索骥，高等教育学生资助体系在我国各级法律渊源中亦有迹可循。

《中华人民共和国宪法》第四十六条赋予中国公民受教育的权利和义务，这是各项教育法律法规立足的根本依据。宪法以国家根本大法的形式，从国家职责层面界定了政府对教育事业的义务，也从职能层面赋予了政府维护教育公平的权利，如为政府通过学生资助这一措施确保家庭经济困难学生受到教育确立上位法依据。《中华人民共和国高等教育法》第九条、第四十二条、第五十四条、第五十五条及第五十六条规定明确了国家帮扶家庭经济困难学生接受高等教育的义务，明确资助形式包括奖学金、贷学金、助学金、学费减免、勤工助学等，为相关法律主体的权利义务确立了依据①。高校资助的具体法律规定还主要体现在《教育法》中：该法第三十六条具体阐释受教育者享有平等受教育权利的具体范围，即受教育的全过程②，第三十七条确立学生资助的对象以及政府对学生提供资助的法

① 《高等教育法》第五十五条：国家设立高等学校学生勤工助学基金和奖学金，并鼓励高等学校、企业事业组织、社会团体以及其他社会组织和个人设立各种形式的助学金，对家庭经济困难的学生提供帮助。获得贷学金及助学金的学生，应当履行相应的义务。第五十六条 高等学校的学生在课余时间可以参加社会服务和勤工助学活动，但不得影响学业任务的完成。高等学校应当对学生的社会服务和勤工助学活动给予鼓励和支持，并进行引导和管理。

② 《教育法》第三十六条：受教育者在入学、升学、就业等方面依法享有平等权利。

律依据①。为落实国家宪法、教育法对高校学生受资助权利和义务的原则性规定，地方各级政府以通知、办法、条例等具体形式，对高校资助工作在本辖区的实施制定了地方政府规章，进一步明确了工作指南和操作依据。以上海市为例，在奖助学金方面市财政局、教委共同制定了《上海市普通本科高校、高等职业学校国家励志奖学金实施细则》等7项地方部门规章，针对助学贷款颁布《上海市高等学校毕业生学费补偿和国家助学贷款代偿办法》，并配套国家资助政策制定其他相关地方规章。②

第二节　高等教育学生资助概述

一、高等教育学生资助的概念

从广义上讲，“学生资助”是帮助学生支付教育费用的一种形式，它不同于“捐助”或“赞助”。它以政府财政拨款为主体，辅以公立或私立机构、组织及院校资金为补充，向有需要的经济弱势群体提供包括贷款、补助、培训、奖金为主要形式的帮扶，补贴或替代学生原本需要承担的教育成本及支出。③ 在我国，有学者认为学生资助是指向学生提供经济上的支持和帮助，它有直接资助和间接资助两种方式：直接资助是指直接向学生提供学习费用和生活费用，如奖学金、助学金等；间接资助是指不直接向学生提供现金，而是通过一些优惠政策和特殊措施而使学生受益，

---

① 《教育法》第三十七条：国家、社会对符合入学条件、家庭经济困难的儿童、少年、青年，提供各种形式的资助。

② 参见上海学生资助网，http：//xszz. scsa. org. cn/，2016年8月2日。

③ HarolwG. Unger. *Encyclopedia of American Educationn* (*Vol ll*), NewYork, 1996, p. 54.

得到间接的经济补偿，如减免学生或其家长的税收、为学生提供优惠的交通、医疗服务等。① 还有观点认为“学生资助”是面向学生提供的各类经济资助。②

综合各种概念界定，本文认为学生资助是：以实现教育公平为目标，由政府充当资助责任主体，其他组织或个人充当辅助资助主体，为经济弱势群体提供经济资助或者可以通过经济方式体现的其他资助，以确保该群体与社会整体相比具有平等的教育机会，并在受教育过程中持续性地拥有实现教育权利的经济能力。学生资助的概念内容应该明确责任主体、资助对象和资助目标，必须强调受教育权利实现的持续性而非一次性。在此基础上，本文进一步认为高等教育学生资助的概念应该是：顺应高等教育市场经济发展要求，由政府、其他组织与个人对高校经济困难学生的资助，从广义上说可以是学生资助的政策、行为以及资金。值得注意的是，高等教育相较于其他教育阶段而言，其市场化程度较高，应该在概念中予以指出和强调。

二、高等教育学生资助的起因

（一）学费改革带来的高等教育学生资助需求

20 世纪后期，教育“成本分担理论”③ 为日益紧张的教

① 胡银环：《试论学生资助制度在实现教育公平中的作用》，载《教育与经济》2000 年第 1 期，第 27—29 页。

② 王康平：《高校学费政策的理论与实践》，厦门大学出版社 2001 年版，第 25 页。

③ 1986 年，美国纽约大学校长、经济学家约翰斯顿出版了著名的《高等教育的成本分担：英国、联邦德国、法国、瑞典和美国的学生财政资助》，书中提出了著名的成本分担理论，即应由纳税人（政府）、学生、学生家长和社会人士（捐赠）共同分担高等教育的成本。

育财政问题暂时找到了一个出口，而财政的缓解并没带来成本的降低，相反的是教育成本比照教育收益的水涨船高。基于成本分担理论，高等教育的收益既有社会的，亦有个人的，高等教育的个人收益在所有教育层面中是显著最高的。市场机制的基本经济规则就是“谁获益谁付钱”，高等教育的成本应该分担到政府、高校、纳税人和学生及其家庭本身。① 这一理论指导下的实践变革体现在高等教育管理模式的转变，学校的财政经费来源于多个渠道，传统的单一政府拨款财政模式正走向多元财政模式，办学也从政府责任过渡为多个主体共担责任。办学成本需要各责任主体分担，高校收费制度应运而生。

从免费到收费的改革马上面临了贫困学生上不起学的不满呼声，教育不公问题引发了社会负面情绪，产生了一系列社会问题；同时，收费促进了高等教育市场化进程，高等教育资源更多地通过市场手段配置，教育公共物品的特性却与市场机制相冲突，由此也出现了一些经济问题，比如高校更多地开设金融、管理等热门专业，而这些专业收费也相应提高，贫困学生由于经济困境无法选择这些专业，从而造成教育资源始终流向富裕阶层。

作为政策的应对，大多数国家的政府开始关注高等教育领域的学生资助问题，并为此出台了一系列有关学生资助的经济政策，涉及财政帮扶、助贷、税收减免等，通过政府干预的手段尝试解决市场化带来的负面影响。因此，高等教育

① 政府是高等教育的主办者，也是受益者，因此应在受益范围内支付教育经费；学生及其家庭是受益者，应支付学费和杂费；除政府和学生之外，凡直接或间接受益的大众，也应承担其部分责任，因此就有了来自社会的捐赠等。

领域的学生资助比其他教育层次来得更复杂、多元，也更加制度化。

为了更好地应对学费改革带来的社会问题和经济问题，高等教育学生资助问题主要围绕以下两大议题。一是是否需要不断提高政府资助力度以面对高等教育扩张所带来的成本增长。根据高等教育的社会和个体收益的分布，一些学者强调政府代表社会获取了高等教育的公共利益果实，因此政府应对其负有公共职责；另一些学者则强调个体收益在高等教育投入产出的绝对地位，认为应该划定与成本、收益相符的学费标准。这些问题答案影响着政府应该采用哪种经济政策来资助学生：是间接资助，如提高伙食补贴等财政投入；还是直接资助，如助学金、贷助金的投入。

二是政府的资助对象应该是高校还是学生。传统上政府通过向高校提供拨款以维持低学费从而保证入学途径，政府采用直接资助高校的方式，加大对高校办学的财政投入，但这在一定程度上造成了行政权力垄断资源的嫌疑。新的主张认为，从提高财政利用效率和实现实质教育公平的角度出发，政府资助对象应该由高校转向学生，可以采用提供补贴、教育券和贷款等形式对学生资助，通过经济支持提升学生选择高校的能力，达到“用脚投票”的效果。这么一来，学费标准的高低则更多地体现教育水平的价格和教育产出的收益，因此资助对象的选择事实上是对市场价值取向的选择。

（二）教育改善收入分配带来的高等教育学生资助需求

20 世纪 50 年代，教育经济学作为一门新兴学科起源于西方发达国家，随着教育在社会经济发展中的作用日益凸显，教育经济学中的“人力资本理论”① 为政府介入高等教育提供了主要理由，提出该理论的舒尔茨认为人力资本的累积是使收入分配趋于平等的重要原因。② 经济学家认为人们可能通过接受高等教育更快积累人力资本，实现收入的增长和社会地位的提高，而且随着平均受教育水平的提高，收入分配会趋于公平，因此高等教育被视为平衡收入分配的有效措施。

然而现实却差强人意，对大多数发展中国家来说，高等教育正在使得收入分配的不平等扩大化。舒尔茨理论的前提在于每个人都享有同等的受高等教育机会，而大多数发展中国家因经济状况、地域以及高等教育规模等因素，使得确保这一前提显得力不从心。受教育机会的公平程度将直接影响收入分配的公平程度。③ 如果高等教育的实施被后天因素所制约，那么它作为达成社会公平的措施就难有实效。更有甚者，愈发扩大的教育规模，愈将带来更大的收入差距，原因就在于高等教育资源本身的不公分配，使得接受对象发生分层，仅有中高收入阶层享受到教育，获得教育收益，而低收入阶层则始终徘徊在教育“门外”，那么最初设想的拉近收入差距则显得过于理想化。

高等教育作为一种人力资本投资，除了效率，更必须关注

---

① 著名经济学家、人力资本理论家西奥多·W. 舒尔茨在1960年提出了人力资本概念，他认为“人力资本体现在劳动者身上，指凝聚在劳动者身上的知识、技能及其表现出来的能力……因为它已经成为人的一部分，又因为它可以带来未来的满足或者收入，所以将其称为资本”。

② 其主要理由是：人力资本的较快增长，将导致国民收入中源于知识、技能等因素的份额的相对上升，而源于财产等其他因素的份额的相对下降，从而一定程度上弥补因为资产、政策和歧视等因素所带来的不公平的影响，使社会各阶层收入趋于均等化，减少社会财富的分配不均。

③ Kang H. ParK. *Edueational expansion and edueational in equality on income distribution*, *Eeonomics of education review*, Vol. 15, No. 1, PP. 51—58.

公平。斯蒂格利茨提出："个体受教育的机会不应受到其家庭财富或居住环境中的外在因素影响"。① 各国实践已经表明，高等教育公共产品的特性与市场的逐利性有着本质上的利益冲突。高等教育的商品化追求越来越高的学费收入，而公共产品的公平价值将被学费问题挑战。正是因为高等教育有着快速提升受教育者人力资本的能力，相较于财富传承而言，它能够更快打破财富现状，避免贫穷的代际转移，从根本上解决社会公平问题。因此，高等教育学生资助是政府参与社会财富再分配的一种手段，政府从全体纳税人的"钱包"中支付部分经济弱势家庭的教育费用。财政资助的截高补低，目标在于赋予低收入家庭学生更公平的选择机会，使其更符合一个市场经济环境下的"理性消费者"标准，不因经济因素影响教育选择。

三、高等教育学生资助的特点

高等教育是建立在完全中等教育基础之上的一种专业教育，即按专业类别培养人才的活动。② 高等教育在市场化程度上明显区别于义务教育和中等教育，在财政制度和学费制度等方面都有所不同。因此，高等教育领域的学生资助，由其经济基础的差异而有着个性化的体现：

第一，资助目标兼具社会性和经济性，通过解决学费问题，达到教育公平和教育资源合理配置的最佳状态，教育公平是社会整体利益，教育资源配置是经济整体利益，两者都是学生资助追逐的目标，而社会性高于经济性；第二，资助群体兼

① StiglitZ, JesePh. Economics of the Public Sector, New York: W. W. Norton&Company, 1988, p. 372.

② 薛天祥、杨晓江：《试论高等教育学的中心范畴》，载《上海高教研究》1997 年 06 期。

具广泛性与特定性，从政策受众来看，全体高校大学生都有可能获得资助，政策覆盖范围较为广泛，然而从实际获得资助的对象来看，还是主要针对家庭经济困难，无力负担求学开支的学生，具有对象选择的特定性；第三，资助资金来源渠道兼具财政性与捐助性，从政府主体责任来说，承担资助资金的财政责任毋庸置疑，然而在多元化资助体系下，高校自身、组织机构和个人都可以提供资金用以资助事业；第四，资助方式兼具针对性与多样性，政府设计了一系列资助方式针对性地解决不同的个体困难，比如“绿色通道”就是针对新生入学困难的政策安排，而资助体系发展至今，菜单式、自选式的多样性复合结构，也为受助对象综合问题的解决提供了可能。

第三节　高等教育学生资助是重要的财政政策

政策的类别包罗万象，方方面面都有政策。有人认为“政策是分配价值的组织架构，它由决定和行动组成。”① 有人说政策“不一定是特定的行动组成，通常情况下也可以是一个无行动的过程”② 有观点指出政策是国家公权力对执政目标和方法的选择。政策是“政府在公共选择要求下，为实现某种公共目标所做出的一系列决定，这些决定与目标互相联系。”③ 从政治学上，政策是政治立场的表达。“一项政策的公布实质上是作出决定政权的立场表达，这个立场同时宣告之后

① Easton, D. *The Political System. Knopf*, New York, p. 130.

② Heclo, H. *Review Article*: *Policy Analysis*, British Journal of Political Science, No. 2 1972, p. 85.

③ Jenkins, W. I. *Policy Analysis*, Martin Robertson, London, 1978, p. 36.

一系列相关的决定做出的依据。”① 当权者或当权者所代表的群体通过出台政策追求集体利益的最大化；政策具有协调的功能，是在实施范围内对不同利益冲突的调和；政策将支持者与对立者的利益相区分，这种区分在任何有差别的社会都是不可避免的和必要的。高等教育学生资助是重要的财政政策，可从中国高等教育学生资助形式和政策属性两方面来论述。

一、我国高等教育学生资助形式概述

（一）奖学金与助学金

建国初期，奖学金与助学金制度即被确立下来，是我国高等教育学生资助最初建立也是最为基础的形式。我国现行模式为中央政府与地方政府分担资金来源，共同设立国家奖学金、国家励志奖学金、国家助学金三种资助形式，并设定资助对象的条件与标准。它们每年对参评对象的条件进行评审，学习成绩、家庭经济情况是主要评审依据，但侧重点各有不同。具体来看，国家奖学金侧重整体、教育效果尤其是学习成绩的体现，包括优异的成绩和高尚的品格，达到标准的优秀学生将获得国家奖学金，标准为每人 8000 元；国家励志奖学金是针对家庭经济困难且品学兼优的学生，其奖励标准为每人 5000 元；国家助学金是对家庭经济困难学生的无偿资助，其资助标准为每人每年 2000—3000 元，实行按月发放，中央高校分档及具体标准由财政部等有关部门确定，地方高校由地方政府确定。

---

① Friend，J. K. et al. *Public Policy*：*The Inter - Corporate Dimension. Tavistock*，London. 1974，p. 40.

（二）助学贷款

助学贷款是我国高等教育规模化发展的配套制度，根据提供主体的不同可分为四类：第一类是国家助学贷款，该类型是目前受众最多，覆盖面最广的助学贷款，它由政府财政拨款为主，以政府财政信用为担保，通过财政贴息、风险补偿金制度，推动银行向家庭经济困难的在校大学生提供贷款以支付学费，目前国家助学贷款额度政策性强，主要与学费标准相挂钩。

第二类是生源地助学贷款，近年来该项贷款类型受到中央政府的大力推广，原因在于同为政府财政拨款承担贷款运作，其更多地要求地方政府加入财政分担，同时分担分险补偿金和担保责任，这对中央财政压力的减轻以及引导地方财政关注区域教育发展起到了重要作用，生源地贷款是学生入学前在户籍所在地向经办银行申请的助学贷款，它的还款主体还包括学生家长。前两种助学贷款都不需要抵押物。

第三类为商业性助学贷款，现在国内此类贷款模式发展还比较缓慢，主要是由于作为资金提供主体的金融机构参与积极性不高，贷款资质参差不齐，这类贷款既可以发放给学生本人，也可以发放给学生家长，还款主体更为灵活，此外由于政策性较弱，对于获取对象的条件标准限定也由金融机构自行制定，商业性助学贷款是学生资助资金和渠道的有益补充。

第四类为政策性无息贷款，相较于前三种贷款类型，该类贷款的发放主体是高校，资金来源是国家政策性财政资金，由于资金同样来自国家财政，且没有利息，所以发放对象也同样为家庭经济困难的在校大学生。

（三）勤工助学

教育部2007年颁布的《高等学校学生勤工助学管理办法》确定了我国高校勤工助学的合法依据。《办法》对当前我国勤工助学活动作出界定，明确合法的勤工助学应该在学校的组织下进行，并且利用的是课余时间，避免学生因忙于提高收入而影响学习，勤工助学的收入是合法的劳动所得，勤工助学本身也具有社会实践活动特征。勤工助学在多元化资助体系中受到越来越多的关注，主要原因在于它不仅是资助工作的重要组成部分，更是通过资助手段提高学生综合素质的有效途径。

（四）学费减免、绿色通道与困难补助

学费减免、困难补助与绿色通道是针对特定对象实施的资助措施。学费减免主要面向以孤残学生、少数民族学生及烈士子女、优抚家庭子女等为代表的家庭经济特别困难以至于无法交纳学费的群体。学费减免不涉及国家财政拨款，直接在高校自主收入中抵扣，减免额度、档次和条件在上位法的限定下可由高校自行规定。“不让一个学生因为学费问题辍学”这是政府对于教育机会公平的承诺，扩招带来高等教育规模化发展，2000年三部委联合发文规定各高校都必须建立“绿色通道”，该制度面向每年录取的新生，只要是携带经济困难的相关证明或本人提出申请，即可先办理入学手续。近年来国家大力宣传“绿色通道”制度，提高政策的知晓度，确保每一位新生都能不因经济困难对高校望而却步，确保每一位有继续学习能力的学生能够顺利入学。与学费减免、绿色通道的无偿获得资助类似，困难补助也是面向经济困难学生提供无偿资助的一种形式，提供主体可以是各级政

府，也可以是机构或者个人，困难补助的政策性较强，稳定性较弱，目前还没有针对性的规范出台。

二、我国高等教育学生资助的政策属性

政策基于施政主体的不同可以分为公共政策和私人政策。政府是公共政策的实施主体，广义的公共政策涵盖一定时期内政府为履行公共职能，实现有效治理目标而采取的一系列措施或法令的总称。公共政策可以因其施行领域的不同而分为经济政策、社会政策等不同类型。公共政策对应公共利益和公共目标，公共政策具有社会性的特性。

从上文论述可以看出，我国高等教育学生资助主要是通过经济方式实现的，是以维护社会公平为目的，主要通过政府财政手段，对社会财富进行重新分配的举措，其具有明显的财政政策属性特点。财政政策是指对政府财政收入和支出所做的决策，是政府变动税收和支出，实现国家干预经济的主要政策之一。[①] 财政政策是一国经济政策体系的重要组成部分，它受当时社会生产力发展水平制约，并且同其他经济政策有着密切的联系。对于高等教育学生资助是财政政策的界定和分析，有助于下一步描绘其在高等教育规模化发展中的财政应对角色，以及从理论上确定学生资助是政府干预经济的一种财政手段，最后为高等教育学生资助的法律完善建构有效的教育财政法律制度。

高等教育学生资助是重要财政政策的原因主要有：一是学生资助是通过国家出台措施、办法等方式推动的，各级政府尤

---

① 参见高鸿业、刘文忻、冯金华、尹伯成、吴汉洪：《西方经济学》，中国人民大学出版社2007年版，第302页。

其是中央政府是学生资助政策的制定者和执行者，因此学生资助具有明显的公权力彩色，符合国家财政管理政策属性。二是学生资助主要通过经济方式实现，无论是有偿还是无偿、是否需要返还以及是否需要通过劳动获得，最终学生资助都是货币的形式给付的，具有明显的经济性。三是学生资助通过高等教育资源的合理配置，消除高等教育市场上的教育不公平问题，以期达到社会整体利益最大化的良好期望，从实现的目标来看学生资助政策具有突出的经济效益追求。四是从政策手段来看，学生资助主要通过政府预算、财政拨款、税收等实现，即通过国民收入分配政策、预算收支政策、税收政策、财政补贴政策等实现国家干预经济的财政杠杆目的。

第二章　行为分析：学生资助是高等教育规模化发展中的财政应对

20 世纪 70 年代以来，各国开始关注高素质人力资本的培养，高等教育急需扩展以满足各行各业对人才的渴求，然而不同于福利国家传统的教育财政思路，经济紧缩带来高等教育财政紧张，加之政府职能转变等原因，许多国家对高等教育进行市场改革（market reform），逐渐提高高等教育的市场化程度。① 在新自由主义思潮影响下，知识商品观和高等教育私人产品观不断被接受，许多国家的高等教育市场特征日益明显。② 市场机制的引入不断推动高等教育规模化发展。

市场机制给高等教育规模化发展创造无限可能，并带来两个正效应：一是学费改革减轻政府财政压力，使高等教育规模扩大、受众数量扩大；二是迅速提升人力资本质量，使国民有机会通过自身努力较快地获得更好的收入和更高的社会地位，从而降低收入差距的代际影响。正效应似乎积极维

---

① Marginson S. *The Impossibility of Capitalist Markets in Higher Education*. Journal of Education Policy, 2012 (27), p. 1—2.

② 迪尔（David D. Dill）在 Higher Education Markets and Public Policy 一文中列举了高等教育市场改革的一些突出例子：如发展私立高等教育，允许私立高校与公立高校竞争，使得稀缺的公共资源以更有效的方式配置；英国高等教育“准市场”改革，如以“准市场”方式分配高校学额和科研拨款；高等教育评估；引入或增加学费，从资助院校转向资助学生等。

护着教育公平乃至社会公平的实现，然而事实却总是差强人意。一方面，学费改革将低收入群体排除在高等教育机会之外，不断扩大的高等教育受众群体集中在中产阶层和精英阶层；另一方面被排除在外的低收入群体从一开始就失去了人力资本提升的可能，改善收入差距成为水中月，镜中花。因此，打着“市场”旗号的高等教育市场改革，首先面对的难题就是如何缓解成本分担与教育公平之间的固有矛盾，现实中一边是为支撑扩张而不断攀升的教育成本，一边是经济困难群体无法逾越的收入局限，只有寻求到了社会弱势群体公平参与高等教育的有效途径，才可能减轻不同群体间的利益冲突。

完全的新自由主义市场模型在高等教育中并不存在，即便引入市场机制，高等教育“准公共产品”的属性使其仍旧受到政府干预。出于高等教育“准公共”属性和政府公共管理的需要，体现社会公平是必要的政治要求。兼顾“市场效率”和“教育公平”两个价值需求导向，学生资助作为一个政策体系，在实现教育公平的目标下，承担着缓解成本分担与入学机会矛盾、确保社会弱势群体公平参与高等教育的重要角色。

因此，研究高等教育规模化发展的市场属性，探寻价格与资源配置效率关系；以消费者为中心，分析市场机制给高等教育规模化发展带来的影响，判断政府干预的必要性；借以研究市场机制、高等教育以及学生资助三者的相互关系，在此基础上描绘出学生资助在高等教育规模化发展中的角色扮演。

第一节　高等教育规模化发展

弗里德曼（M. Fredman）在其《政府在教育中的作用》一文中坚信，市场竞争会使效率、应对性和创新最大化。古尔森（K. Gulson）提出政府公共职责将被重塑以“市场”和“竞争”为特性，一些传统职能被推向市场。①“越来越多的国家将核心政策引入市场竞争概念。”② 同样的，市场思维也在高等教育领域跃跃欲试并初有成效。在新自由主义市场模型下，高等教育的理想方向是成为完全资本主义市场。然而现实却是，尽管市场机制的引入促进高等教育规模化发展，但完全的新自由主义市场模型在高等教育中并不存在，高等教育仍旧受到政府的干预，也不完全从属于市场的买卖关系。

一、高等教育规模化发展的市场基础

（一）高等教育市场基础分析

1. 市场的定义

何谓市场？中国古诗云：“昨日入城市，归来泪满巾”，其中的“城”指的是旧时的商品交易场所，也是“市场”由古至今的发展萌芽。在市场经济不发达的社会，市场往往指向

① Ainley, P. (2004). *The new 'market – state' and education*. Journal of Education Policy, 19, no.4, pp.497 – 514. Cerny, P. (2007). *Paradoxes of the competition state: The dynamics of political globalisation*. Government and Opposition, 32, no.2, pp.251 – 274.

② Dill, D. (1997). *Higher education markets and public policy*. Higher Education Policy, 10 nos.3/4, p.167.

具体的商品交易场所，而如今市场更多地指向一种行为或社会关系。① “市场逻辑是将经济活动集中在便于发展生产并获得高额利润的地方”，② 市场的存在必须在主观和客观上满足一定条件：在主观方面应该存在市场主体生产商品、交换商品的意愿，包括适应市场特征的内在心理与外在表象；在客观方面则是要有生产、交换行为及活动场所，客观上还应该存在主体之间的竞争关系。③

2. 高等教育与市场的关系

市场改革是经济一体化发展最突出的表象。新自由主义改革思路不断强调私有化和放松管制，许多国家正在各个领域不同程度地参与市场改革浪潮。高等教育资源配置的方式一直是市场改革中争论的焦点，究竟是政府行政调控发挥作用，还是将其推给市场机制？不同国家在争论之中有着不同的答案，答案的得出与各国的历史文化、宗教信仰、社会体制和经济基础皆有关联。从现实选择上来看，有的国家以市场为主，有的国家以政府调控为主，有的国家将二者结合起来，④ 各个模式的代表国家分别为美国、法国和英国。从全球范围看，市场在各

---

① Auerbach P. *Competition: The Economics of Industrial Change*. Oxford: Basil Blackwell, 1988, pp. 49－51.

② 罗伯特·吉尔平：《国际关系政治经济学》，杨宇光等译，经济科学出版社 1989 年版，第 19 页。

③ Marginson S. *Markets in Education*. St Leonards NSW, Australia: Allen & Unwin, 1997, p. 30, 29, 38, 5.

④ 市场在美国高等教育领域一直存在，在高等教育运行中具有基础性作用。对美国而言，近年来不是形成高等教育市场而是高等教育市场化程度进一步提高。参见于 Slaughter S, Rhoades G. *Markets in Higher Education: Trends in Academic Capitalism*. Philip G. Altbach, Patricia J. Gumport, and Robert O. Berdahl. *American Higher Education in the Twenty－First Century: Social, Political, and Economic Challenges (Third Edition)*. Baltimore: The Johns Hopkins University, 2011, pp. 433－464.

领域的蔓延，使其深化了与高等教育之间的关系，① 然而关系的密切与否取决于各国市场经济所依赖的政治框架，以及当权阶层的价值取向，也就是说高等教育市场化的程度取决于所在国家的经济政治条件和社会发展目标。一旦确立市场在高等教育资源配置的主导地位，高等教育的商品化程度、公共属性以及社会影响将发生重大的改变。

3. 当前高等教育市场基础分析

总体而言，许多国家进行高等教育市场改革的基础因素越来越突出，包括高等教育管理模式的转变、对高等教育资源配置的效率要求、加强高等教育主体间竞争程度的诉求等，高等教育正在体现出市场的特征，要么朝着形成高等教育市场的方向前进，要么在已有的市场基础上进一步发展。

高等教育最主要的市场基础就是教育商品的生产：一是教育对象即学生商品，一是教育产出即知识商品两类，如培养的合格的人才和教学科研成果。在高等教育领域里政府、组织和私人承担着生产者的角色，而学生及其家庭、雇主、知识商品和有偿服务的购买者则充当了消费者的角色。高等教育领域的生产者与消费者之间的交换关系最明显地体现在学生为接受教育而支付学费，对应的则是学校向学生提供教育资源，包括知识教授和配套硬件的使用。市场竞争则体现在高校为学生、教育经费、科研经费和地位（status）进行竞争，而学生为争夺

---

① 主要表现为：政府减少公共拨款（降低高等教育经费在 GDP 中的比例，降低公共高等教育经费在高等教育经费中的比例，有的国家还在特定时期内削减公共高等教育经费总量），高校拓宽经费渠道；实行学费政策，提高学费水平，增加学费在高校收入中的比例；举办私立高校，扩大私立高等教育规模；改变对高校的经费拨款方式，引入竞争机制；激励高校进行技术转让，推动知识商品化；高校开展培训、网络教育和其他有偿服务；招收自费留学生，拓展海外教育市场，甚至将留学教育产业化等等。

有限的教育资源展开个人综合能力包括家庭财力的竞争，以获得进入一流大学、一流专业学习的机会。

（二）高等教育市场改革的性质和特征

1. 高等教育市场改革的性质——准市场性质

学术界对高等教育向古典自由市场方向改革存有疑虑。[①]那么，高等教育市场改革究竟应该朝着哪个目标前行，作为生产教育这一特殊商品的公共行业，其市场改革所依据的理论基础、采用的政策措施和承担的社会责任是否有所特殊，高等教育市场改革本身又具有什么内在特征？

勒格兰德和巴特利特（Julian Le Grand & Will Bartlett）针对英国社会福利改革[②]的研究曾提出准市场（quasi - market）的概念。[③] 这个概念的引入能够缓冲福利国家退出的利益冲突，能够以社会公众尤其是受教育对象比较容易接受的方式在传统社会福利领域开展实践性操作。[④] 多数教育领域的研究者

---

① Jones D. R. Privatization. Burton Clark & Guy Neave. *Encyclopedia of Higher Education*（Vol. 1）. Oxford：Pergamon Pres，1992，pp. 1449 – 1450.

② 1979—1990 年，英国保守党领袖撒切尔夫人蝉联三届首相。撒切尔政府上任伊始就计划削弱福利国家，以减轻政府财政负担和增强英国的国际竞争力。在当时，福利国家是英国经济中最大的非市场活动领域，其主要服务涵盖社会安全、教育、医疗和占相当大比例的住房和社会保障，差不多占用了 GDP 总量 1/4 的开支。1988 年、1989 年两年是英国福利国家体制的转折期，政府采取了激进的改革措施。这些改革包括决策分权化，引入服务提供的竞争机制，政府从福利服务提供者变成福利服务购买者，改变财政拨款方式，等等。

③ Dill D. D. *Higher Education Markets and Public Policy*. Higher Education Policy，1997，10（3/4），pp. 168 – 169，170 – 171.

④ 社会福利的准市场改革不仅存在于英国，还存在于其他一些欧洲国家；并且，这种改革不局限于教育、医疗等公共部门，还延伸到了其他一些部门。

则将此概念投射于高等教育市场改革的性质定义中。准市场的概念在社会福利领域得到较为深入的研究，将其运用于高等教育的市场改革属性界定，则有一定的科学性和实际性。

高等教育市场改革的准市场性质相对于传统市场（conventional market）而言，是存在一定区别的。首先，在利益目标方面，传统市场中竞争目标在于利益的最大化，而高等教育市场改革中，由于大多数参与竞争的高校在财产上不私有，使得相互间的竞争脱离了货币形式，而集中于声誉、排名等方面。准市场中主要的主体——高校这类非营利组织的利益目标往往不清晰，其产权结构也不清晰，呈现非营利组织与营利组织共同竞争公共合同现象；其次，市场中交换媒介具有区别性，消费者（学生）可能通过拨款预算或票券（voucher）的形式代替传统的货币形式来实现购买权，消费者的购买权往往集中在某一机构；第三，在信息对称度较低的情况下，理性消费者难以存在，商品选择并不是由直接使用者做出，而是委托给第三方，代理机构的地位和信誉度都应高于传统市场。①

从国际经验看，许多国家的高等教育市场改革都表现出准市场的基本性质。②“准市场”是相对完全市场（perfect market）而言，尽管存在区别，但其以相互竞争的个体代替了垄断性政府提供者，都存在生产性机构或服务提供者的竞争，从

---

① Le Grand J. Bratlett W. *Quasi - Markets and Social Policy. Basingstoke*, UK: Macmillan Press Ltd, 1993, p. 10.

② 英国高等教育的准市场改革体现在：在改革前，政府资助学生接受高等教育，将学生名额分配给院校。在新体制下，政府仍然对高等教育提供经费，但经费有所削减，从而导致学生和高校必须作出应对，具体说就是学生须承担更多的费用（表现为学费水平提高），高校须为学生进行竞争。在学费问题上，教育券观念、全成本学费方案、毕业税建议等纷纷进入了当时的高等教育政策讨论议程之中。

本质上来说仍然是一种市场。

2. **高等教育市场改革的特征**

传统的教育哲学将高等教育置于“公共产品”的范畴之内，大多数“生产”机构都是非营利性质的，市场渐渐从政府主导转向市场主导，然而国家或政府在市场中的重要角色则在很长一段时间内不会改变。因此，准市场的性质使得“市场性”和“行政性”并存，且呈现两者此消彼长的相互关系会随着国家社会经济基础和高等教育发展目标而阶段性变化的特征，具体来看：

第一，公益性与营利性并存。人力资本投资促使高等教育向大众教育转变，不再是精英阶层的专享福利，其经历着从公共服务到私人消费的性质转换，福利国家的退出使得市场机制顺理成章被引入该领域。尽管市场思维不断渗透，加之政府对教育财政压力减轻的期望，高等教育其“教育”产品的公共属性始终未能根本性地转变。只要没有脱离这一属性，高等教育就不可能完全被看作是私人部门，其公益性的根本特质就无法被忽略。高等教育的大众化和市场化，使得大学的公益性面临极大的挑战。① 在实际生活中，与大多数国家正在运行的教育系统所体现的公益性程度相仿，高等教育可能采用排他性的市场竞争手段提升资源配置的效率，但更可能采取政府提供“公共产品”的传统模式而非市场生产。②

---

① 斯劳特和罗兹的研究表明，在20世纪80—90年代，高等教育的公共或社会产品的属性削弱了，更多地表现出个人或私人产品的属性（使用者付费）。而营利性院校更是大大增加。高等教育成本从政府向学生转移，低阶层家庭倾向于视高等教育投资为不明智的选择。

② Marginson, Simon. *Markets in Education.* St Leonards NSW, Australia: Allen & Unwin, 1997, p. 5, 280, 254, 29, 46.

第二，短期效益与长期效益并存。市场是变动不居的，市场往往专注于短期的需求和效益，高等教育市场也不例外。在竞争环境下，生产者（高校）必须追求在学费、科研经费、政府以外的收入，比如通过对社会需求的快速反应，以招聘条件为导向，灵活调整某些专业人才的培养方案与数量，满足市场对特定行业人才的需求。与短期效益相对的是，长期效益即质量上的优势，才能保证其自身在竞争中的优势地位。大学自己的理念、特色、社会声誉被视为是实现长期效益的体现。在人才培养这一“生产”主业上，高校提供的通识教育和职业教育也是短期效益与长期效益并存的体现，职业教育是体现短期效益的有效方式，而通识教育则是培养人才的长期发展和全面发展。

第三，自治与他治并存。市场新自由主义增强了大学的自由和自治。① 市场化发展下，高校通过发行债券、制度化和规范化的募捐、甚至建立大学公司的法人化、企业化管理等方式，缓解大学经费的紧张，摆脱政府财政的束缚，促进了高等教育系统管理决策权的分权化和地方化发展，提高院校机构的管理自治水平。但由于高等教育的公共属性，使得其脱离不开社会自治，② 高等教育市场改革的公益与营利的双重性是社会公众共同参与治理的依据，改革后的治理方向既要对私权利有所限制，如个体间的意思自治和契约自由，又要对公权力有所制约，如政府的垄断性治理，从高等教育管理模式来说，应该要兼有自治与他治。

---

① 新自由主义的主要政策包括私有化、市场化、放松管制、削减社会福利、减税。

② 社会自治为公共领域的主要调整手段，社会自治不同于私法中的私人自治和公法中的政府统治，而是一种由社会成员参与治理的方式。

二、高等教育规模化发展的市场现状

（一）国外概况

20世纪80年代，部分发达国家逐渐改变高等教育作为非市场政府服务的性质，引入竞争机制，其国内高等教育面临改革和发展的转折点。[①] 比如英国高等教育市场逐步形成，构建了院校自治、政府适度干预的高等教育体制。[②]。在市场改革过程中，英国政府以强大的引导力利用市场机制实现政治目标。[③]澳大利亚高等教育领域的市场化程度则更高，竞争机制被引入公立学校，教育的产业化也推动了市场改革。[④] 美国的做法则另辟蹊径[⑤]：一是提高学费标准奠定规模化发展的经济基础；二是改革资助理念，将资助重点由学校转向学生；三是

---

① 受英联邦国家的影响，澳大利亚推出了打上浓厚新自由主义和撒切尔主义烙印的高等教育政策建议，其核心观点是取消免费高等教育，实施学费政策并提高学费水平，引入市场竞争机制。

② 英国高等教育市场的形成，主要体现在三个方面：鼓励高校创收，削减公共经费；提高学费，建立统一的学费制度；建立教学和科研拨款的竞争机制

③ 拉亚妮·奈杜（Rajani Naidoo）对1980年后英国高等教育政策改革的研究发现，竞争型政府（competitive state）有选择地运用市场机制，“推进政府的变革议程……政府主动地利用市场机制实现政治目标”。转引自张振刚等：《美国宏观因素对研究生教育各层次规模影响作用研究——基于协整方法的实证研究》，载《研究生教育研究》2011年第5期。

④ 澳大利亚高等教育的市场改革体现在：明确学费制度，政府财政投入下降，私人资源比例上升；公立高校为学生和各类经费开展竞争，形成国内市场；积极开拓国际市场，使教育成为一项主要的出口产业。

⑤ 基于市场机制作为高等教育的基本调节机制以及独特的高等教育结构，美国与其他国家的高等教育市场的发展有所不同。美国既没有采取英国、澳大利亚重点依靠公立大学市场化和大力拓展国际教育市场的方式，也没有采取许多发展中国家大力发展私立高等教育的方式。

加强科技的产业化，提高教育投入的产出比；四是开拓高等教育国际市场，增益本国教育资源。

可以发现，减少政府财政投入、进行学费改革并提高学费标准、开拓国际市场并逐步引入竞争机制、开展科技成果转化等是高等教育在规模化发展过程中，市场形成的共性手段，发展中国家高等教育市场形成的途径与发达国家也基本相似。高等教育市场改革发展至今，一方面提升了高校自治能力和自我发展的可能性，很大程度上打破了行政垄断，另一方面对高等教育效率、质量和公平也产生了影响。

（二）本土脉络

“全球化”是中国高等教育市场形成的时代背景，套用这个背景分析不同国家高等教育市场改革的现象时，不应忽视影响高等教育的本土因素。① 中国高等教育市场改革是对计划经济体制下国家完全“包”和“保”高校的体制突破。② 通过一系列改革，市场机制在中国高等教育规模化发展过程中不断深入。

具体体现在：一是多元筹资渠道的建立为市场构成提供可能，1993 年教育发展纲要为非义务教育阶段学费改革提出政策导向③，公立高校的财政拨款开始朝向多渠道筹措经费的体

---

① Deem, R. *Globalization*, *new managerialism*, *academic capitalism and entrepreneurialism in universities Comparative Education*, 2001, p. 37.

② Lo, N. K. *State patronage of intellectuals in Chinese higher education Comparative Education Review*, 1991, p. 35, (4).

③ 1993 年的《中国教育改革和发展纲要》明确提出：“要逐步建立以国家财政拨款为主，辅之以征收用于教育的税费，收取非义务教育阶段学生学杂费、校办产业收入、社会捐资集资和设立教育基金等多种渠道筹措教育经费的体制”；“改革投资体制，逐步建立财政拨款为主、多渠道筹措经费的投资体制。高等教育属于非义务教育，学生上大学原则上均应缴费”。参考自《中国教育经费统计年鉴》，1994、1996—2001。

制改革，彻底改变政府包办的传统模式，为市场机制引入高等教育提供可能。二是提高办学规模效益为市场发展奠定基础，21世纪初我国高等教育结构开始大规模调整，针对重复设置、市场冷淡的院校和专业进行集中合并，减少数量、提高质量，通过内涵式整合，办学规模效益低的状况有所改善。①三是高校自主设立专业和课程成为市场发展路径，逐步推行高校内部自治管理改革，进一步放松对区域教育方向的调控，除了地方政府有了自主发展教育的权利，各个高校也拥有更多的自主权和发展权，能够使人才的教育培养与社会经济发展更为相符。比如，随着市场经济在国民经济中的比重升高，高校中设置经济、财经等专业的也相应提升。② 四是学费制度改革实现市场效益，20世纪90年代末，中国高校学费改革与扩招几乎同时进行，所有大学生均要交纳学费，这体现了高等教育的市场效益，在学费制度下大学生除了受教育对象之外，还多了“消费者”这一身份，体现了“用者付费”和教育成本分担原则。高等教育市场则以高校扩招的方式，通过教育消费的形式拉动经济增长。③ 五是就业制度改革体现市场导向，教育发展纲要强调改革传统的就业制度，积极倡导自主就业，同时要将就业

---

① 1993年，原国家教育委员会、国务院学位委员会在《关于印发全国普通高等教育工作会议有关文件的通知》中提到：“高等学校要坚持走内涵发展为主的道路，使现有学校达到合理的办学规模，同时进一步发挥学校的办学潜力，提高整体效益”。

② 1999年，教育部颁发了关于《高等学校本科专业设置规定》的通知，授权地方教育行政部门统筹本地区高等学校的专业设置，高等院校在核定的专业设置数目和学科门类中可自主设置专业，教育部负责检查监督。

③ 康宁：《论教育决策与制度创新——以99年高校扩招政策为案例的研究》，载《高等教育研究》2000年第2期；康宁：《高等教育规模扩大——对增加有效需求和促进经济发展的影响》，载《教育发展研究》2000年第7期。

质量作为高等教育的成效标准，[①] 近年来国家更是以《就业质量年报》的方式，公布各个高校高等教育人才培养的效益。六是民办高校的发展丰富了市场成分，国家从法律层面[②]推动民办高校发展，进一步活跃了高等教育市场经济，扩大了有限的教育资源。[③]

第二节　高等教育规模化发展存在的问题

不同于交通、通信、广播电视和医疗保险界的私有化和商业化，没有一个国家面向本国学生的第一学位教育是按照真正的资本主义经济市场来运作的，没有研究型大学的发展是被股东、利润、市场份额、配置效率或商品形式所驱动的。[④] 新自由主义话语没有构成一个普适的实践主体，在高等教育规模化发展中“最好将新自由主义看作一个愿景而不是已完成的现实”。[⑤] 市场机制调节并非万能的，引入市场机制推动了高等教育规模化发展，然而在发展中也存在一系列经济问题和社会问题。

---

① 《中国教育改革和发展纲要》（1993）提出：“改革高等学校毕业生‘统包统分’和‘包当干部’的就业制度，实行少数毕业生由国家安排就业，多数由学生‘自主择业’的就业制度……以就业率来考核、评价、推动和促进高校的人才培养工作……高等学校要着力改善毕业生就业结构，提高就业质量，充分利用毕业生就业反馈的信息，加大学科专业结构和人才培养结构调整的力度，更好地为经济和社会发展服务”。

② 即2002年《中华人民共和国民办教育促进法》与2004年《中华人民共和国民办教育促进法实施条例》。

③ 国家教育发展研究中心：《2001年中国教育绿皮书》，教育科学出版社2001年版，第134页。

④ 西蒙·马金森：《为什么高等教育市场不遵循经济学教科书》，载《高等教育》2014年04期。

⑤ Clarke, J. (2007). *Citizen – consumers and public service reform: At the limits of neoliberalism? Policy Futures in Education*, 5, no. 2, pp. 239 – 240.

一、存在的问题

符合高等教育规模化发展的市场基础大多是理想状态下的，真正的市场改革受制于高等教育领域特定的内在限度（公共产品、地位竞争）以及与这些限度相关的政治因素。市场对于高等教育的积极意义是什么，消极影响又是什么，这是十分重要的问题。市场机制的缺陷，主要表现在市场无法有效地对资源进行配置，这通常发生在公共领域，有关公共产品的生产、交换以及外部经济性等，市场往往运作不灵，从宏观上看市场机制对于社会收入分配不均、经济总量失衡、非价格因素导致的经济波动等亦无能为力。引入市场机制给高等教育规模化发展带来无穷的动力和制度创新，但存在的问题也显而易见。

（一）供求关系失衡

市场思维通常认为高等教育学费体现教育的“价格”，然而它却不是供需关系的当然反映。市场对公共产品的局限性使其无法解决教育供求失衡问题。在中国，第一学历市场学费制改革已运行了近二十年，学费标准和涨幅在不同地域、不同类型高校、不同冷热专业都有区别，但这种区别并不由市场机制调节，而更多地取决于行政干预。① 高等教育的劳动力市场上的需求导向并没有通过学费的方式主导消费者市场的生产导向，简单来说，就是人才需求和学生培养的不匹配。除此之

---

① 美国于1996—2006年间学费的“标签价格”在通货膨胀率调整后上涨了51%；相比之下，净学费只上涨了29%。参见于 Vedder，R.（2007）. *Over invested and over priced：American higher education today*. Washington：Center for College Affordability and Productivity，p.5，9，6.

外，供求失衡还体现在高等教育资源的始终稀缺，学费的提高并不当然地带来资源的丰富——公立高校招生仍以计划手段为主，无论是数量多少还是名额的地区分布，与高校声誉、学费和就业质量没有什么直接关系。

（二）核心领域缺乏真正的竞争

竞争在高等教育中具有重要作用，高校之间在科研学术、师资生源、国际教育、社会资助、声誉排名等方面竞争激烈，学生之间则为高校的精英资源而竞争。然而，上述竞争大部分不是真正的经济竞争。① 高等教育市场上的“竞争”是由政府来界定、扶持和调控的。在政府“有形之手”的指挥下，无论从市场份额②、企业资助③还是其他学校主体收入④上看，竞争难以存在或效果无法体现。几乎所有国家都通过竞争的方式选取吸纳优秀的学生进入高校，而这种竞争发生在“考场”而非“市场”，此外在福利国家，学费由政府给予大量的补贴，补贴条件与市场竞争也无甚关系。高等教育中的“竞争”与新自由主义市场模型的预期截然不同。

---

① 例如对公共科研经费的竞争更接近投标博弈而不是市场经济。虽然在竞争中胜出会带来经济回报，但很多竞争并不是被经济底线所驱动的，可能是为了获得更高的排名和更多的荣誉。

② 马来西亚在针对本地学生的主流高等教育中，为市场份额和经济收入而进行的竞争被严格限制，学生被政府分派到各个院校。

③ 在美国，生物制药产业在高等教育领域培育了浓厚的商业精神，但这一领域的企业资助仍旧只占其科研经费的不到10%。

④ 经济合作与发展组织的可比数据证实了院校非学费性质的私有收入只起到了微薄的作用，私有（除学生家庭外）来源的收入超过院校总收入15%的在全世界只有6个国家，并且在大多数国家，非家庭私有来源收入中的大部分都被用来支付学生学费。

（三）外部效应存在

高等教育市场改革中既有有利因素又有不利因素，当能够相互抵消时，市场的外部效应（externalitites）[①] 将降到最低，与此同时达到“帕累托最优”[②]。市场是变动的，现实中带有外部效应的产品市场，始终无法达到资源配置的“最优”。高等教育的有利因素是社会知识的增进、劳动力素质的提升、对经济增长的贡献和促进更有效的政治参与。[③] 而也有学者认为高等教育的有利因素并不始终体现，只是一个似乎有理但未得到确证的假定。[④] 各个国家在高等教育人才培养上彼此竞争，平民百姓对高等教育所带来的经济效益和社会声誉信心百倍，这些都是对有利因素的追随。而事实则是不利因素始终相随：如前所述，学费与人才培养的社会边际成本并非对等关联，市场机制的固有缺陷决定了政策决策者无法通过市场获得外部效应的真实影响。投入与产出始终存在差距，政策博弈、教育腐

---

① 由英国著名的福利经济学家庇古（Pigou）发现并提出，所谓外部效应是私人边际成本和社会边际成本之间或私人边际效益和社会边际效益之间的非一致性。

② 帕累托最优（Pareto Optimality），也称为帕累托效率（Pareto efficiency），是指资源分配的一种理想状态，假定固有的一群人和可分配的资源，从一种分配状态到另一种状态的变化中，在没有使任何人境况变坏的前提下，使得至少一个人变得更好。帕累托最优状态就是不可能再有更多的帕累托改进的余地。帕累托最优是公平与效率的“理想王国”。

③ Harvey，D.（2005）. *A brief history of neoliberalism.* Oxford：Oxford University Press，pp. 168 – 174.

④ Ainley，P.（2004）. *The new ‘market – state’ and education.* Journal of Education Policy，19，no. 4，pp. 497 – 514. Cerny，P.（2007）. *Paradoxes of the competition state：The dynamics of political globalisation.* Government and Opposition，32，no. 2，pp. 251 – 274.

败、权力求租等行为也加剧了外部负效应。①

（四）消费者权利难以体现

“成本分担”是开启高等教育市场改革的重要理论基础，大多数国家的学费改革均以其为依据。② 该理论的核心思想为“谁受益，谁付款”，受教育个人显然属于直接受益者，当然地应在其受益范围内支付教育经费。③ 而付费个人及家庭则成为高等教育市场的消费者。消费者权利集中体现在公平交易权和自由选择权，公平交易权始终处于消费者利益中心位置，④ 自由选择权则是权益维护的前提，而在高等教育规模化发展特质下，这些权利难以体现。基于高等教育市场机制中的信息不完全和信息不对称，学生对选择适合自己意愿和能力的高等学校的情况却知之甚少，甚至全然无知，大多数选择基于学校提供的模糊简介、形如天书的教学计划等，这样的选择权可以说

---

① 进一步说，市场上的私人主体一般不可能自愿地走到一起解决外部效应问题。如果第三者的人数很多，解决问题的交易成本就太高。因此，政府有必要在这一领域发挥自己的特殊作用，以非市场的方式去矫正或解决高等教育的外部效应问题。

② 1984年秋，时任美国纽约州立大学布法罗分校校长的约翰斯顿（D. Bruce. John - stone）在美国科罗拉多召开的“2000年议程”（An Agenda for the Year 2000）的一次会议上首次提出了“高等教育成本分担理论”（Cost Sharing）。

③ 而国家基于其政府职责及社会责任，属于间接受益者，虽然同时也对高等教育支付了相应的经费，但其本质并不与私人相同，不应该是“消费者”。

④ 参见徐火明：《公平交易法论——不正竞争防止法》，三民书局1997年版，第6—7页。

与完全市场意义下“理性消费者”的要求相差甚远。[①] 而在公平交易方面，以精英教育为例，这一稀缺资源无法直接以购买的方式获取，其消费者除了必须付出学费代价之外，还需要承担精英大学可能存在的“滥用市场支配地位”而侵害公平交易权利的行为。[②] 也有高校拥有地域优势或行业优势的垄断，其对于更多教育资源的支配则可能侵害了高等教育市场环境中潜在目标消费者的公平交易权。因此，高等教育领域内，“消费者投票”这一传统市场机制发生失灵，高校的声誉、排名基本与消费者行为无关，这点不利于对消费者权利的保障。

（五）社会公平难以保障

一个国家在经济发展过程中始终存在着怎样把“蛋糕做大”和怎样“合理分割蛋糕”这两个涉及全局的重要问题，即效率与公平的问题。高等教育规模化发展中的社会分配缺乏与效率相适应的公平性。从社会利益的角度上看，引入市场机制的初衷是让更多人接受高等教育，实现教育公平，而事实却不尽人意。市场机制带来的负面影响显而易见，比如教育机会

---

① 萨卡洛布洛斯于1973年在《教育收益：国际比较》一书中对32个国家的教育收益率进行的研究。就消费者市场而论，学生缴费给高等学校，高等学校给学生学习位置。学生在选择高等学校、学科、专业时会面临较严重的信息不完全问题。高等学校提供的招生宣传资料一般是笼统的、模糊的。更有甚者，一些高等学校拿出了听起来诱人，其实没有实际内容的，夸夸其谈的教学计划。还有一些高等学校吹嘘自己的教学计划，贬低竞争对手。严格说来，即使是高等学校里的专业人士也很难对不同的高等学校作出甄别与选择，更不用说社会阅历较浅的高中毕业生了。

② 滥用市场支配地位在消费者权益侵害方面体现为，具有市场支配地位的经营者利用其支配地位带给他的商业机会，强加给消费者过高价格或不合理交易条款或条件，是以掠取其在正常的和充分有效的竞争环境下所无法获取的商业利益的违法行为。参见于United Brands v. Commission, Case 27/76 [1978] E. C. R. 207, 249.

的不公平。市场改革的核心政策是收取学费，美国是最早建立高校学费制度的国家之一，其国内有大量的研究表明学费制度推动了市场分隔（market segmentation），这种制度损害了教育公平。① 高等教育市场中，消费者因家庭收入水平自动分隔，由于可以负担更高昂的学费和生活费，中上阶层学生成为受欢迎的消费者，而时常拖欠学费甚至无法交纳学费的低收入阶层学生则倍受冷落。② 对于学费的承担能力影响着中低收入家庭送子女接受高等教育的意愿。学费上涨对弱势群体不利，加剧了教育不公平和社会不公平。③ 市场的趋利性和自利性使制度本身不具有督促受益者补偿受损者的机制，如果政府不去关注分配的不公问题，放任市场力量自发地将资源更多推向优势群体，而减少弱势群体的应有机会，那么不公平现象将进一步扩

---

① 根据美国公共政策与高等教育国家研究中心（National Center for Public Policy and Higher Education）在2008年12月3日《纽约时报》发布的报告，从1982年到2007年美国高校学费上涨了439%，而同期中等收入家庭的收入只增加了147%；对美国最贫困家庭来说，2007年一个孩子上公立大学一年的净开支要占到家庭平均年收入的55%，而在1999—2000学年这个比例只有39%；如果孩子上社区学院，这部分开支在2007年要占到最贫困家庭平均收入的49%，高于1999—2000学年的40%。参考自《美国贫富悬殊，缺乏应有保障》. http://news.sina.com.cn/c/2009-02-27/033817297346_2.shtml.

② Slaguter, Sheila & Rhoades, Gary. *Markets in Higher Education: Trends in Academic Capitalism.* In Philip G. Altbach, Patricia J. Gumport, and Robert O. Berdahl. *American Higher Education in the Twenty-First Century: Social, Political, and Economic Challenges (Third Edition)*. Baltimore: The Johns Hopkins University, 2011, pp. 433-464, 438-439, 433.

③ 1975年，美国最低收入家庭的24岁孩子中7%的人获得了学士学位，最高收入家庭的同龄孩子中40%的人获得了学士学位；到2000年，最低收入家庭的24岁孩子中获得学士学位的人仍为7%，但最高收入家庭的同龄孩子中获得学士学位的人提高到了60%。世纪基金会（Century Foundation）调查发现，目前在美国146所选拔性最强的高校中，74%的学生来自社会经济地位最高的家庭，来自社会经济地位最低家庭的学生仅占3%。

大，市场秩序也会受到严重的冲击。

二、问题的成因

市场以效率为优势，但在维护公平方面却有与生俱来的局限性，社会目标与经济利益有所不同，公共特性使其无法通过市场力量而实现。[①] 高等教育无法成为一个理想的竞争市场。[②] 几乎没有国家完全引入市场，高等教育仍旧处于政府监管之下，为行政垄断所限制，并被政府干预约束，因此造成了问题的成因：

（一）行业准入及淘汰受限

高等教育的行业准入受到更多的行政干预，严格的行政许可被认为是必需规制，既然受制于当权者行为，那么政治博弈就可能产生影响。在大多数国家，高校设立主要还是政府行为，市场无法决定适格主体能否进入行业，准入机制与政治因素密切关联，它从根本上限制了高校间的竞争，甚至给新高校加入竞争设置了不可能达到的条件。而另一方面，由于国家不允许公共部门失败，院校合并和淘汰通常需要政府的同意，以至在大多数国家，官方认可的大学名单的变化十分缓慢。而且即便国际教育市场受到更多关注，但在大多数国家，教育输入远比教育输出来得谨慎，外国的商业提供者更会面对额外的挑战。[③]

---

① Derek. Bok. *Beyond the Ivory Tower*. New York：The President and Fellows of Harvard College，1982，p. 256.

② Mark. Blaug. *An Introduction to the Economics of Education*. New York：The Penguin Press，1980，p. 374.

③ 参考自 *Organisation for Economic Cooperation and Development*.（2008）. *Tertiary education for the knowledge society*. Paris：OECD.

（二）政府干预存在客观必要性

基于宪法通常赋予政府维护个体“公民权”① 职责，公民的受教育权显然不因教育阶段不同而有所影响，政府干预高等教育则在社会法则中存在客观必须性。公众监督政府不能放弃公共产品，公共产品的公平提供也是必要的政治承诺。因此，高等教育市场中的竞争虽然会带来经济回报，但很多竞争并不是被经济底线所驱动的，关键是在此领域的许多竞争是由政府来界定、扶持和调控的。高校各类营利性收入都尚未进入本国学生的第一学位教育和研究生教育这一核心区域。比如无论学费制度如何改革，学费水平通常仍是由政府设定并加以限制的，而无法依商业运作来定价。②

（三）内部规模经济的客观要求

随着经济发展模式从粗放向集约转变，高端人才需求不断扩大，高等教育也需要不断扩大规模以补充劳动力缺口。扩大高等教育规模，在节约成本的同时滋生了垄断的可能，并由此抑制竞争、降低社会经济福利、影响社会公平。排除垄断对资源配置的扭曲，则只能通过政府依靠法律和经济手段来调整有效竞争。

---

① 马歇尔对公民权的界定：“公民权是给予那些一个共同体的完全成员的一种地位，所有拥有这种地位的人就这种地位所授予的权利和义务而言是平等的”。

② 比如说，精英院校的名额受到限制——它们并不像市场上受欢迎的商品一样扩大生产规模来满足需求，否则将失去精英地位。精英院校关注的焦点是科研而不是扩大学生规模，因为科研才是它们的声誉、品牌力量和最终资源累积的驱动力。尽管一些国家存在有能力的学生被高学费排除在外的情况，精英院校在选择学生时主要考虑的是学生的能力而不是购买力。

（四）高等教育产品的“准公共”属性

市场如何发挥作用，在什么范围内发挥作用，取决于市场内生产和交换商品的属性。高等教育产品的“准公共”属性决定其资源配置方式与公共产品和私人各不相同。① 高等教育是非义务教育，任何人受益都承担着其他人无法受益的机会成本，而这种成本并不在受益人支付的对价（学费）中体现，成本代价则由公共财政承担，这要求受教育机会是平等的。市场调节的发生机制以利益实现为前提，当利益与公平趋向相同时市场自然得以运作，而当这种趋向相反时，市场无法自发地调节利益与公平的冲突，市场本质上的自利性与公共产品的他利性存在不可调和的矛盾。② 因此，市场竞争的结果能够提高效率，却不能保证人与人之间最终的平等，③ 高等教育除了自益性外，社会人力资本的提升也体现他益性，他益性部分的成本应由政府负担，④ 高等教育产品的供给无法仅仅诉诸市场力量。

（五）学生并非理性选择的消费者

高校学生由于对市场环境在信息完全性和对称性上的缺

---

① 从纯粹的意义上讲，公共产品一般由政府通过政治程序或公共选择来分配，即采用政府提供与政府拨款的方式。私人产品通过市场提供。准公共产品或由政府提供，或政府资助市场提供。

② Simon Marginson, *Markets in Education* (Australia: Allen&unwin, 1997).

③ 劳凯声：《教育市场的可能性及其限度》，载《北京师范大学学报（社科版）》2005 年第 1 期。

④ 提供的方式有二：其一，高等教育机构由政府举办，并通过财政拨款提供费用；其二，高等教育机构由私人或民间举办，政府资助，同时向受教育者收取一定的学费。高等教育也仰仗私人的供给。

陷，处于非理性消费者的角色。高等教育市场存在形形色色的信息不完全现象。① 在校生的数量、高校招生情况与高校运营质量的高低事实上没有必然关联，学生选择高校并不是基于自身对充分信息的甄别，而是大量外在因素的推动。信息完全和信息对称是市场机制有效的先决条件，市场机制失灵也是信息不对称的必然结果。在高等教育市场改革中，大量关于学校、专业的信息没有充分、完全地公布，并缺乏有效的途径让消费者知晓，政府和高校掌握大多数信息发布的自主权，消费者在这一领域明显势单力薄。学生处于信息获取弱势地位的原因主要有自身知识局限、获取信息的成本较高、信息优势方对信息的垄断等。信息不对称使得消费者无法理性选择商品，消费者行为扭曲，购买决策凭“勇气”和“运气”，误导了市场需求。

第三节　学生资助体现高等教育规模化发展中的政府责任

在高等教育这一特殊领域，市场机制基于本身缺陷和外部条件的限制，无法把资源配置到最佳的状况。② 如前所述，高等教育规模化发展虽然取得了重大的成绩，但是也出现了许多

---

① 斯劳特和罗兹的研究中提到，大学为了提高“申请录取比”，进而提升排名、提高大学的市场价值，制定了提前入学政策、免试政策以及现场招生政策。这些政策要么要求学生过早做出决定，要么要求学生现场快速做出决定，从而使学生丧失了深思熟虑和认真选择、自由选择的机会，因此是“市场失灵”的政策。

② 伍柏麟：《社会市场经济学教程》，复旦大学出版社 1996 年版，第 317 页。

问题。比如因市场机制调节盲目性而造成的供求关系失衡，高等教育活动商品化造成的资源浪费和产能发展的不匹配，学生消费者的根本利益难以保障，甚至由于市场机制本身的利己性造成教育质量下降、社会不公平等外部效应。

“对市场机制的怀疑论，为政府干预提供了辩护依据。”①然而这确有可能，如果过分夸大市场机制在高等教育规模化发展中的作用，就会导致资源配置不合理，甚至影响高等教育的可持续发展。教育的公共属性赋予政府相应的法律和行政管理职权，学生资助作为高等教育领域中政府主要的财政政策及法律规范，体现了弥补市场机制缺陷，确保高等教育稳定发展的政府责任。

一、具体方式

国家或政府对学生个人的资助，经历着高等教育从英才教育向大众教育转变的过程，其政策的内容和导向体现了政府对高等教育规模化发展的调节目标，并通过以下具体方式来体现高等教育规模化发展中的政府责任。

（一）设计有效的学费代替或补充制度——助学贷款

教育经济学家约翰斯顿通过对英国、联邦德国、法国、瑞典和美国五个高等教育发达国家的学生财政资助的研究，发现成本分担理论在高等教育改革中的意义。他认为应该由教育相关主体共同分担成本，并提出学生及其家庭是教育的受益者，应支付学费和杂费，大学的收费制度由此形成。学费制度改革

① 詹姆斯·M. 布坎南：《自由、市场和国家》，北京经济学院出版社 1993 年版，第 13 页。

对高等教育规模化发展无疑有着巨大的推动作用，高校因此获得更大的自主权，也能通过竞争将自身优势通过学费转化为自身发展资源。然而收费制度对于受教育主体，尤其是底层群体来说是不利的。贫困家庭的子女对学费高低的反应显然大于中高收入家庭。因此，各国政府针对学费制度的配套，均设计了学费代替或补充的学生资助制度——助学贷款政策。

英国推行“按收入比例还款的助学贷款”，贷款额度与学费标准匹配，而且每个在校生都有权借贷。学费贷款不仅仅是公立大学学生的特权，私立大学学生也同样惠及。[①] 在日本，助学贷款也相当普及，公立大学和私立大学的贷款额度基本相当，值得关注的是住所是贷款额度的一项影响因素，可以认为住在家里的学生住宿成本和生活开支更低，因此贷款额度有所降低。[②] 美国的助学贷款分类更为细致，对学费的补充也更为充分，“斯泰福贷学金”根据不同申请对象的条件，分政府贴息与不贴息两种，使中等收入家庭的学生也能够通过贷款补贴学费，另外联邦政府实行的“学生家长贷学金”，使贷款主体扩展到学生家长，既保证了贷款有效回收，又与高等教育的收益成本分担理念相符。

（二）实施合理的教育资源配置制度——助学金

研究大学生资助问题的权威伍德·霍尔在《国际教育百

① DfES. *A Guide to Financial Support for Higher Education Students* 2006/2007. London：DfES，2006. 12，pp. 38，26 –28.

② 日本公立大学四年制学生每月可申请贷款 35000 日元，住在家外的学生则可申请到 41000 日元；而私立大学的两类学生分别可申贷 44000 日元和 54000 日元。四年期间共可申贷 45 个月。公立大学的两类学生最多可分别达 1575000 日元和 1845000 日元，私立学校的两类大学生可分别达 1980000 日元和 2430000 日元。

科全书》中列出主要采用的十种资助方式。① 根据获得路径的不同，可区分为“间接”和“直接”两种。间接资助主要以助学贷款为代表，是国家通过对高等学校的资助而使学生或家庭免予承担的教育费用部分。直接资助则以奖学金、助学金、勤工俭学、学费减免、教育凭单等赠予性资助为代表，是指学生可以获得可支配资金的资助。因此，助学金是直接发给大学生的赠与性资助，与助学贷款在制度设计上有着明显的区别。助学金在学费制度尚未改革前就在各国存在，它是将教育资源直接配置给学生的一种制度，其存在有合理性和必要性。

“人力资本投资”和“高等教育机会均等”这两个资助理念的支撑下，为了使那些经济特别困难的，即缺乏家庭财政支持能力的学生，也能够接受高等教育，助学金是最直接有效，并且使获取家庭和个人没有后顾之忧的资助方式。稀缺的教育资源中的一部分通过助学金的形式，以政府财政拨款方式，直接给予受助者，以此平衡了教育资源在社会不同收入阶层中的配置。

从美国的大学生资助实践来看，政府助学金一直是大学生资助的核心，长期以来占据资助总额的“半壁江山”。助学金是一种赠予性质的金融资助。联邦政府和州政府均在辖区内提供各类助学金，其中佩尔助学金主要面向高等教育对象的主体部分——本科学生，② 而联邦补充助学金则用以补贴本科生额

① 张民选：《理想与抉择——大学生资助政策的国际比较》，人民教育出版社 1999 年版，第 158 页。

② 佩尔助学金用于资助那些进入高等院校尚未获得硕士或博士学位的本科生，美国教育部根据申请人提供的个人信息计算出预期家庭教育负担（Expected Family Contribution，简称 EFC），然后判断申请人是否有资格获得此项助学金，助学金额由申请人的 EFC 和入学费用决定。

外的学习支出。① 美国的学生助学金的覆盖面较奖学金、勤工助学等更广。② 英国政府在学生资助的最大开支是“生活费助学金”，它在英国学生资助体系中占有最重要地位，所有本科生均可以从政府财政获取金额不等的补助，补助的水平与学生家庭经济情况相关，目前在英国，经济最拮据的学生可以通过助学金补贴近一半的生活开支。澳大利亚的助学金体系除了给予经济困难学生以补贴，基于本国特殊国情，还面向身处不利地理环境的学生无偿提供生活费补助。

（三）引导积极的人力资本提升制度——奖学金及勤工助学

学生资助应该要关注“贫困文化”的影响，美国学者刘易斯提出贫困群体会在长期的家庭生活中相互影响，形成一种代代相传的文化内涵，这种文化将对其内在成员形成社会心理影响。③ 生活于贫困境况中的人们，由于从小就受到贫困文化的熏陶，低教育水平和较弱的竞争力，使他们缺少向上流动的动力，而使他们更为贫困。因此，贫困之人难以摆脱贫困，因为贫困之人已将贫困内化为一种习惯，而丧失了依靠自身改善现状的动力，机会在固有的价值观面前显得毫无用处，为了社

---

① FSEOG则用于满足本科生额外的金融需要，资助对象一般是那些已经获得FPG且EFC最低的学生，不能保证所有符合FPG申请条件的学生都能获得FSEOG。

② 在美国，成绩很好的学生可以申请奖学金，但奖学金额并不很高，就连最著名的“全国科学奖学金计划”的金额一年也仅为5000美元，而且每个国会议员区仅2个名额。但是生活水平低于一定标准的学生可以申请助学金，“佩尔助学金计划”的最高年补助金为2300美元。

③ 1959年，美国学者奥斯卡·刘易斯（Oscar Lewis）在《五个家庭：关于贫困文化的墨西哥人实例研究》一书中首次提出“贫困文化”（culture of Poverty）的概念。

会整体利益，外群体必须加以干涉。①

“授人以鱼不如授人以渔”——这是学生资助应对“贫困文化”代际影响的重要理念。只有让弱势群体自身的“造血”功能受到激发，源源不断的“输血”才具有更加现实的长远意义。只有依靠弱势群体自身能力的提高达到发展的目标，并以自身能力的提高创造价值以回馈社会，才能实现教育对于改变社会弱者及其后代的贫困处境的根本性作用。学生资助则从鼓励学生达到一定学习标准（奖学金）或锻炼某种生存能力（勤工助学）的方式，引导高等教育对象（学生）加强对自身人力资本投资的积极性，实现内生发展推动作用，从而提升人力资本质量。

以美国联邦政府的资助项目为例，其奖学金项目意在引导人才培养和供求使其符合国家经济发展的需要，如“全国科学奖学金计划”、“保尔·道格拉斯教师奖学金计划”等；尽管竞争激烈，但美国学生还是热衷于追求奖学金，除了不多的奖金外，对于自身能力的肯定更为重要。② 但是仍然对学生的发展起到导向作用。美国政府还规定了希望奖学金抵税（Hope Tax Credit）政策，③ 明确了适用条件是学生的成绩必须保持在“B”以上。由此可见，奖学金可以从广义上理解为依照学生学习水平而提供的资助，这提高了对受助者能力的要求，也是对高等教育人才培养目标的良性引导。

---

① Banfield, Edward C. *The Moral Basis of A Backward Society*. NewYork: the free press, 1958, p. 156.

② 最著名的“全国科学奖学金计划”的金额一年也仅为5000美元，而且每个国会议员区仅2个名额。

③ 即年收入少于10万美元的家庭，其每个大学生在大学教育头两年中所支付的不超过1500美元的学费和有关费用（包括书本费和膳食费）可以从税款中扣除。

此外，各国政府也大力倡导社会各界为大学生提供勤工助学机会。20 世纪 90 年代，中国政府也下达了有关开展勤工助学的通知，提出勤工助学是提升贫困生能力，改善经济现状的有效办法，同时也是应对高等教育规模化发展的重要配套手段。

（四）完善可行的间接干预制度——税收调节

合理有效的税收制度能够在二次分配中，更多地关注与维护社会公平，并保证社会成员和组织享有平等的起点和规则。税收的合理调节，将强化社会公平，统筹社会利益，矫正由于初次分配造成的资源配置不均衡，避免贫富差距过大。

首先，减税制度带动社会资助力量。完备的资助体系应包括国家财政资助、社会资助及设立专项基金，并将社会零散资金纳入学生资助的总体管理中。因此可以通过完善税收抵扣制度，对志愿捐赠实行税收激励措施，鼓励社会力量助学。这也是发达国家的普遍做法，如美国法律赋予机构或个人减免税的权利，只要是向高校捐赠的都可以享受。这就鼓励和促进了各种社会和民间资金流向高等教育资助领域。

其次，减税制度间接调节资源平衡。在美国，克林顿政府执政时期对贫困家庭的免税制度进行改革，试图通过税收政策的调节提升经济弱势群体支付高等教育费用的能力。1997 年的纳税减免法案豁免了大学生所在家庭部分年收入的纳税义务，降低应税额度，这使得大学生年均逾万美元的教育经费压力得以缓解。

最后，税收网络确保贷款经费回收。助学贷款实质上发挥了金融市场的杠杆作用，但其功能的持续发挥取决于资金流的连续。贷款的回收效率是资金流不断裂的保证，否则将给政府财政带来新的压力。目前国际先进经验均表明，有效的税收机制是回收资金的保证。比如在英国，政府就通过税收网络查悉学生毕业后的就业质量，以此判断其还款要求，并进一步督促其有效还款，这既保证了信息完全、贷款回收和新贷款资金来源；又节约了贷款回收工作的运作成本。

二、现实效果

各国基于政治体制、社会制度和历史文化渊源等原因，高等教育规模化发展程度各有不同，其学生资助政策体系在价值导向和内容设计上也有所不同。美国是高等教育规模化发展程度较高的国家，其复杂的学生资助体系功不可没。以学生资助为内容的联邦政府对高等教育的干预，从第二次世界大战以前对于高等教育资助问题的不涉及，到冷战时期受“国家利益至上”和“为国家经济发展服务”的理念影响出台以“帕金斯贷款”为核心的系列资助制度，20 世纪中期美国高等教育资助体系的政策重点转向“消费者”需求的满足，并有效促进高等教育机会均等，与此同时联邦政府的资助范围不断扩大，限制也逐步放宽，实现个体受教育权利，服务公共需要，促进教育公平成为学生资助的核心理念。

学生资助从无到有，从单一化到系统化的变革，与美国高等教育规模化发展密切联系。可以说，以消费者为中心、追求社会公平的资助理念正是应对教育规模发展程度以及弥补市场机制缺陷而确定的。另一方面，美国高等教育的发达也论证了其学生资助作为联邦政府干预高等教育发展措施的有效性，具体体现在：

（一）教育公益性与市场营利性得以兼顾

高等教育“公共产品”或“准公共产品”的属性从未受到过根本性的颠覆，公益性始终是传统研究为高等教育界定的标签，时至当今没有一个政府敢于将高等教育完全交由私人承办。“高等教育完全私有化并不能使公共福利最大化，”① 教育公益性受到教育市场改革的巨大挑战，公共福利的实现与理想背道而驰。高校从学费中获利的可能性使得高等教育公益性不断削弱，商品化和大众化令消费者付费成为理所当然。高等教育属性向营利性转化，大大降低政府提供教育产品与服务的意愿。公益性与营利性的此消彼长，使学费成为高等教育中的焦点。市场思维在学费改革中的理想结论应该是：高校依赖学费提高办学利润，而学生通过付费获得教育机会，买卖双方你情我愿。但这一结论的前提在于每个人都具有购买的平等能力，在私人领域，弱势群体“购买力”无法承担商品价格时，可以选择其他商品替代，而在公共领域，特殊公共产品无法用其他商品代替，这样一来就产生了教育公平问题。教育公益性和市场营利性的冲突日益突显，市场逐利行为对教育质量的影响也使高等教育市场机制背上了“失灵”的名声。

学生资助是改革中平衡各方利益冲突的有效途径，原因在于其兼顾了教育的公益性与市场的营利性，切入点在于学费问题的解决。各国政府都在想方设法地通过资助政策降低学费的营利性影响。无论是不断加强的奖学金、助学金力度，还是政

① David D. Dill. *Higher Education Markets and Public Policy*, Higher Education Policy 10, 3 -4 (1997), pp. 167 -186.

策性的困难补贴，包括无息或有息的助学贷款，财政拨款正在成为教育商品的价格补贴，只不过这种补贴针对特定群体和特定条件。学生资助打通了教育市场和资本市场，好处非常明显：一是教育营利资本得以保障，由于政府财政信用担保，大量资本进入教育市场，进一步补充和盘活高等教育资源，为市场营利提供了资本保障；二是教育营利市场得以维持，从短期来看，低收入阶层家庭放弃高等教育投资是对其自身利益的损害，而长期来看人力资本质量的总体下降必将影响教育市场的长远发展，因此政府通过对贫困学生的资助确保学费制度得以维持，并最终维持教育市场的存在；三是教育公益性受到保护，学生资助政策给予市场“消费者”更多的自主权，使他们以教育需求引导、控制市场，而不是由利润获得影响市场，迫使高等教育更多地考虑如何服务公众教育需求的满足，而不是教育市场的营利。

（二）教育长期效益与市场短期效益得以协调

高等教育市场“产品”——所培养的学生能否满足市场的需要，又是否能够灵活地根据市场需求的转变而调整“产品”的标准，是市场机制是否发生作用的逻辑证明。高等教育规模的扩大对人力资本显然是有益的。然而市场机制往往基于短期的需求和效益，而且具有滞后性和反复性。这可能产生两个问题：一是高校对市场的过度迎合，便会出现自身理念、特色被消解的困境，而成为简单的加工厂。二是市场的功利性驱使教育资源涌进轻松且经济回报高的专业，一些涉及国家安全、社会发展的基础性专业受到冷落。三是短期有效的市场导向往往与教育长期效益之间存在悖论。①

多元化资助项目混合的资助模式是协调教育长期效益与市场短期效益的有效措施。比如在美国，国会推出“FAP”（Financial Aid Package）方案，包括助学金、助学贷款、勤工助学项目、返税政策、合作教育及其他资助形式五大类，每类还细分了具体小类，② 并且覆盖到几乎社会各个层面，为高等教育规模化发展提供了有益补充和动力。该模式的作用方式体现在：一是关注教育市场发展的短期效益，它动员社会尽可能多的资源加入到教育资源中，扩大了高等教育规模，并且通过资助政策的引导，调控了市场发展方向。③ 二是实现高等教育的长期效益，联邦政府明文规定，学生资助必须与学生的实际需要相符，因此 FAP 在维护社会公平方面确保了教育这一“准公共产品”的长期效益。美国实行的个性突显且兼顾效率与公平的多元化资助模式，在确保教育长期效益和市场短期效益方面功不可没，成为各国学生资助的标杆。

（三）教育管理分权化和地方化得以实现

高校作为高等教育运行的主体，具有高度的自治需求以匹

① 就高等教育而言，通识教育和职业教育也是一对需要协调的矛盾。事实上，过度的职业教育会使人才的长期发展和全面发展受限，反而不利于雇主的长期利益。

② 如助学贷款还细分为帕金斯贷款（Perkins Loans）、斯泰福贷款（Stafford Loans）、联邦父母贷款（Federal Parent Loans of Undergraduate Student，PLUS）三类，从免息到低息、从低收入家庭到中高等收入家庭、从特殊专业到一般专业，从本科到研究生皆有所涉及。

③ 比如说，1958 年联邦政府设立了“国防奖学金”，还正式诞生了第一个联邦学生资助项目“国防学生贷款计划”，1963 年颁布《卫生专业教育资助法》为医学卫生专业学生提供奖学金，均鼓励了特定领域的教育发展。

配市场的发展。没有自主权的市场主体是不可能对产品和价格的关系做出合理反应的。市场改革需要高等教育体系内进行管理分权,① 高校、地方政府和中央政府在教育发展中的角色应有所不同，但又不可完全割裂开来。学生资助是教育管理分权化和地方化的条件保障。

首先，把握高校管理方向，在学校行使自主权的同时，各级政府通过学生资助，对高等教育市场发挥杠杆作用，以实现对教育市场主体的管理职权。其次，提高地方参与程度，中央政府通常承担学生资助的主体义务，根据权责相匹配原则，中央政府有权对所提供的财政支持附加条件，学生资助的通常做法是在中央资助的同时要求地方政府、教育机构和各高等予以配备，中央资金起到杠杆作用，引导地方财政、社会资金向国家规划的教育方向聚集。最后，确保分权管理下的教育目标一致，学生资助最终将实现人力资本提升和教育公平的实现，它通过各种类型提升受助学生的个人能力，学生资助所蕴含的教育文化能够要求各个教育管理主体更多地关注教育的育人目标。

第四节　学生资助是高等教育规模化发展中的财政应对

高等教育引入市场机制的理论精髓——“教育成本分担”体现并要求当代社会多元生态性的进一步发达与完备。它是高等教育学生资助的指导性理论，它对于多元化的关注构建了现

---

① 金子元久:《高等教育市场化: 趋势、问题与前景》，载《清华大学教育研究》2006 年第 3 期。

代高等教育学生资助体系的基本结构，并使得执政阶层对于社会根本价值的追求得以体现。在社会和自身发展的多元趋势下，高等教育必须有相应的机制来回应“教育成本分担”体系构架下的负面效应。

现代大学制度建立中，市场经济国家强调政府与大学关系的三个基本模式，即大学自主、政府控制和市场调节，政府与市场的组合结构至关重要。① 自高等教育规模化发展伊始，以美国为代表的高等教育发达国家，已经在高等教育领域运行并逐渐改革与市场机制有机结合的学生资助体系，并承担了主要的市场引导和调节角色。②

作为财政杠杆，学生资助一是指资助给学生的经费本身，二是指资助学生的行为。当学生资助从“经费”角度考虑时，它为高等教育提供了重要的资源；而从资助“行为”角度考虑时，它是用以调控教育市场资源配置的一个重要手段。无论是经费还是行为，两者都是学生资助在高等教育规模化发展中最核心的财政应对，并由其延伸出更多的财政应对。

一、学生资助提供重要教育资源

教育资源是学校提供教育服务所需要的人力、物力和财力资源总和。③ 它是运行和推动教育产业发展的基本物质条件。财力资源是教育资源中重要的组成部分，也是其他资源得以顺

---

① 彭湃：《大学、政府与市场：高等教育三角关系模式探析》，载《高等教育研究》2006 年第 9 期。

② 美国作为拥有现代高等教育国家的典范，联邦政府通过财政杠杆发挥政府的宏观调控职能，将权力所属各司其位，充分发挥市场的价格、竞争机制，通过“选择”机制引导市场和社会资源成为高等教育财政资助的重要力量，从而践行了现代大学的基本原则。

③ 顾明远：《教育大辞典》，上海教育出版社 1998 年版，第 58 页。

利运作的保障资源，它可以直接使用，也可以作为媒介发挥其他资源①的价值。学生资助以政府财政投入的方式提供着重要的教育财力资源。

（一）学生资助经费的教育资源属性

教育发展主要依靠各级政府的财政投入，而这些经费是主要的教育财力资源。在高等教育规模化发展的核心领域，财力资源与办学规模、培养层次、高校声誉等紧密关联，受其影响并对其起反作用。随着高等教育引入市场机制，实施学费改革，高校的财力资源根据“教育成本分担”原则，还有一部分来自于学生学费。学生资助在此背景下，作为重要的配套措施得以产生并逐步扮演着越来越重要的角色。除了政府直接为高校发展而提供的财力资源，学生资助则通过发放给学生的方式，构成对学费的反向补充，并成为教育成本个体承担的替代性财力资源。

学生资助经费是高等教育财力资源的组成部分，故具有教育资源属性。其特点在于以政府财政拨款为主要形式，同时重要性不单体现在绝对值的占有比例上，还在于学生资助正从一种特定资源向媒介资源转变，它越来越多地充当各种资源的主导，并通过资源交换使整体效益成倍提升。在“帕累托最优”要求下，学生资助经费以一般等价物的方式将“外部效应”的不利因素（学费制带来的教育不公平）与有利因素（个体

① 比如物力资源、人力资源和科技资源等：物力资源主要是指各级各类学校在发展教育事业中所需的固定资产的投入，包括教学场地、图书资料、仪器设备和实验设施等；人力资源主要是指各级各类学校所拥有的师资与生源的总量与规模。科技资源主要是指在发展高新技术产业中所引进的各种相关的知识、技术和信息资源。

在教育机会平等条件下的充分发展）相互抵消，它的存在使得财力资源的配置偏好有了平衡的可能性，并使整体财力资源接近市场最佳的资源配置状态。

学生资助是将教育资金提供给学生，并在学生个体上有直接效益体现的资助方式，有别于政府对高校、教师的资助。前者享有的主体是教育接受者，后者享有的主体是教育提供者。学生资助经费这一财力资源消耗的过程，又同时是一个个人（即教育接受者）自我力量增强的过程，作为一种“财富”，学生资助既体现教育资源的物质性，也体现了教育资源提升人力资本的重要性；作为一种“制度”，学生资助拥有资源配置的能力，也拥有资源转换的能力。①

（二）学生资助经费的教育资源特性

学生资助经费具有教育资源的共同特性，即稀缺性和外部性。“稀缺性”这一概念通常出现在经济学范畴，马克思认为商品的稀缺性是交换价值的要素。具有交换价值是市场上商品交易的前提，而交换价值的稀缺性决定所要交换的价值不能是公共财富，而且人们不能通过交换以外的途径获得。学生资助经费的稀缺性有两层含义：一是它受制于教育资源本身的稀缺性，比如社会公众对教育的需求始终被有限的名额所框制，用以提高贫困学生入学机会的学生资助同样也受制于高等教育规模的限制，等等；二是它受制于学生资助经费本身的短缺，确保贫困学生教育过程的整体公平，需要在入学机会、教育过程、就业创业方面给予他们足够的补助，以弥补家庭经济情况带来

---

① 刘精明：《国家、社会阶层与教育：教育获得的社会学研究》，中国人民大学出版社 2005 年版，第 199—170 页。

的劣势，不断攀升的教育成本和学生的经济能力差距越来越大，然而学生资助经费所基于的各种社会资源却没有相应提升，经费短缺所带来的稀缺性是学生资助制度体系设计中必须考虑的因素。

学生资助经费作为一种教育资源，通过其产生的人力资本和社会资本具有很强的正外部性。高等教育这一公共产品的属性，使得学生资助经费这一特殊的教育资源也拥有了较强的外部性。通过学生资助，受助对象享有平等的受教育权和共享优质的教育资源。另一方面，受资助学生接受教育后，提高了自身素质，提升了人力资本，个人的教育收益率也因此得到大大提高。于社会整体效益而言，对教育资源高效配置的学生资助制度还使社会获得了更丰富的人力资本，给国家和社会带来了巨大的收益。因此，较强的内部收益性和正外部性便成为国家、社会和个人加大学生资助力度的“助推器”。

二、学生资助提供资源配置方式

（一）学生资助的经济目标

经济效益和社会公平是学生资助的双重目标，获得教育经济效益最大化是最终的经济目标，学生资助实现这一目标的路径在于教育资源的有效配置。教育资源在各种不同的使用方向之间分配，其实质是利益相关者之间的博弈。市场改革和公共服务的价值取向左右着教育资源配置的政策走向，并对配置路径和结构产生影响。[①] 市场的逐利性促使不同利益教育主体通

① 张国强：《教育资源配置的价值取向问题研究》，载《山东高等教育》2015 年 3 期。

过竞争谋求更多的教育资源,① 而力量的悬殊带来竞争地位的不平等,② 资源分配的“贫富差距”给教育经济带来最严重的负面影响就是教育对象的偏差，即具有学习能力的对象丧失学习机会，而这种偏差将直接影响人力资本提升这一教育的根本经济利益。因此，政府必须承担重新分配教育“财富”的责任，财政政策是政府干预最经常使用的手段，学生资助就是这样一项政府矫正资源配置偏差的财政措施。

学生资助在资源配置路径上主要为参与社会再分配,③ 在资源配置措施上主要为政府直接或间接干预，包括财政直接拨款和税收调节手段，在资源配置目标上为实现或接近效益最佳的资源配置状态。④ 高等教育经历了“政府责任论”到“教育成本分担论”的变革，教育资源配置方式相应地从完全依靠政府行政管理发展到市场机制参与其中。学生资助是一把双刃剑，以财政拨款为主的学生资助一方面是政府对高等教育资源

---

① 对于教育需求的无限性而言，教育资源总是有限的，因此具有稀缺性特征，而优质教育资源的这一特征更为显著。这意味着，围绕获取教育资源特别是优质的教育资源展开的竞争是不可避免的，同时教育资源的分配总是有选择的，是各类相关利益主体相互竞争、博弈的产物。

② 强势群体会凭借着其自身的优势地位通过影响教育资源配置政策以谋求更多的教育资源，从而使得优势地区和优势群体与弱势地区和弱势群体之间的教育差距越来越大。参考自刘晖：《论高等教育资源的合理配置》，载《教育研究》1994 年 12 期。

③ 教育财政的本质是以国家为主体的，为实现国家扶持和发展教育职能需要，在参与社会剩余产品的再分配过程中形成的一种特殊的分配关系。

④ 1968 年沃克（Ronald A. Wolk）在卡耐基报告中提出，联邦政府有五种资助高等教育的可替代方法，分别是：分类研究项目资助、学生资助、高等教育机构资助、税收优惠和收入分担。在这些联邦可替代资助分类中，主要以前两项为主。同样，1974 年的卡耐基研究报告也提出，联邦政府资助高等教育最直接有效的方式是：为学生提供助学金和贷款，向高等教育机构提供资助，扩大对研究、结构和特殊项目的支持。两份报告都同时指向了两个共同项目：研究资助和学生资助。

配置结果的反向补充，弥补市场机制缺陷所带来的问题，另一方面也可能因为财政资源的行政垄断而加剧教育资源配置的失衡，扮演阻碍市场竞争的角色。

（二）学生资助价值取向的变革

学生资助在高等教育资源配置中的角色扮演与动态变化的现实需要紧密相连，作为教育资源配置的重要方式，学生资助的变革方向始终与其解决实际困难的价值取向相关，是推动高等教育规模化发展态势，还是维护教育公平；是先解决教育资源短缺，还是先解决教育资源分配不公？不同的价值取向使学生资助的改革方向充满争议。作为高等教育学生资助体系最为完备、资助理念发展最为系统的国家，美国学生资助的价值理念之争值得关注。

第一，激进改革派。以弥尔顿·弗里德曼为代表的一些经济学家主张在高等教育领域实行“自由市场”模型，即学费完全体现教育产品的“价格”，教育成本决定学费标准。由于学费成了高校增加收入的唯一潜在来源，政府需要推行长期贷款，将其作为资助中低收入学生的主要来源。在自由市场环境下，可以发现，学生资助的价值取向就是完全以市场为导向，将市场需求看作解决问题的关键。

第二，温和改革派。该派在认同激进派提出的目标时，在实现途径上有所缓和：在“高学费高援助”策略①需求下，政

① 1967年，经济学家汉森和韦斯布罗德在《收益、成本与公立高等教育财政》一书中，抨击了加州公立高等教育系统的公平和效率，认为加州的低学费制度既不公平也无效率。如果把政府援助大部分用于基于财政需要的学生援助和贷款，这种既不公平也无效率的形势将有所改善。1970年，汉森和韦斯布罗德又发表了一项关于威斯康辛州高等教育资助问题的研究，呼吁实行伴有基于财政需要的学生资助的高学费政策。

府要提高资助水平，并且减少院校拨款，增加学生资助。在温和派的意见中，学生资助的价值取向仍是以市场为导向，但在解决市场需求的前提下，一并解决学生（或其家庭）经济负担问题。即在关注社会效率时，也应当关注社会公平。

第三，维护传统派。以上两个派别对低学费传统造成冲击，① 但仍然有人强调维持传统的重要性。公共资助是为社会收益“买单”，低学费是公共资助最有效的手段，② 它能够解决教育机会平等问题。③ 他们对于学生资助价值取向的观点在于，现有资助项目是在提高学费标准的前提下对低收入家庭学生的补贴，中等收入的学生及其家庭成为政策的牺牲品，既要负担过重的学费又得不到适当的补贴。维护传统派对于学生资助的价值取向意见更加强调社会公平，因为他们关注的除了低收入阶层，还将视线投向了中等收入阶层。

（三）价值取向决定资源配置的具体方式

总体上说，学生资助通过财政直接拨款和税收调节的方式来参与教育资源配置，而具体方式和力度应该与其当时的价值取向——即要解决的主要问题相关。例如，美国高等教育规模化发展的黄金时期伴随着学生资助价值取向的争论过程，从而

---

① Kenneth E. Young, *Exploring the Case for Low Tuition in Public Higher Education* (Iowa City, Iowa: ACT Publications, 1974), p. 1.

② Leonard E. Goodall, *State Politics and Higher Education Dearborn*, (Michigan: LGM Associates, 1976), p. 169.

③ 1974 年初，三大公立高等教育协会——美国州立学院和大学协会、美国社区学院和初级学院协会、美国州立大学和赠地学院协会的 100 多名代表召开研讨会，重新考察公立高等教育低学费这一问题。这次研讨会中，以鲍恩、莱斯利为代表的一些经济学家和教育研究者评论了当时争议高等教育资助问题的重要研究报告及其改革建议。他们主要是从平等的教育机会和高等教育的社会收益的角度来维护低学费原则的。

改变了学生资助的具体内容：首先，提高高等教育资助总量得到联邦政府的财政支持，资助对象从高校转变为学生。① 第二，为适应市场发展，学生资助的来源也更加多样化，慈善基金会、营利性的公司、其他社会组织和个人都成为提供学生资助的主体。② 第三，为提高资助资金利用效率，助学金的发放普遍基于学生家庭经济情况评估，使真正有需要的群体享受到资助保障。第四，金融市场的健全使得有限的教育资源通过信贷方式得以盘活，增加资金的使用效率，助学贷款同时关注负担更多教育成本的群体，使得学生资助的覆盖群体成倍增长，整体上提高了人力资本提升的可能性。

学生资助价值取向的变革推动了美国高等教育朝着规模化的方向发展。首先，学生资助及其力度的提升维护了“教育成本分担”理论下学生作为消费者的主体性，学生通过获取财政资源补贴的方式，弥补了市场信息不完全、不对称等劣势，增加消费者“理性”选择的可能性，避免“市场分隔”③，使得

---

① 美国联邦经济发展委员会认为，由于家庭收入差距，最需要财政援助的人实际上得到的政府援助是不相称的，因而需要增加直接面向学生的赠款和补助金才能更好地进一步扩大教育机会平等。

② 卡内基高等教育委员会建议政府对志愿捐赠实行税收激励措施，鼓励更多的私人捐赠。并建议那些实行递减（regressive）税收结构的州应该发展累进（progressive）税收系统，从而在资助高等教育方面实现更大的公平和充足。

③ Slaguter, Sheila & Rhoades, Gary 在《Markets in Higher Education: Trends in Academic Capitalism》一文中提出，由于学费迅速上涨，中低收入家庭送子女接受高等教育的意愿下降了，不断上涨的学费推动了市场分隔（market segmentation）。

教育资源流向真正需要并且能更好利用的群体。① 第二，学生资助通过减税等经济调节政策，引入更多社会资源，在很大程度上对有限的教育资源实现积极补充。学生资助同时引导其他资源汇入，丰富了高等教育市场的资源成分，有助于教育资源的平衡与稳定。第三，学生资助的普遍性使得在相同教育层次学费标准统一的前提下，更为全面地考虑了社会各收入阶层的消费者需求。第四，助学贷款的扩大化体现“谁受益、谁负担”原则，强调受教育个体对教育成本负担的公平性。

三、学生资助平衡效率与公平

1993 年，拉夫特瑞等人给如火如荼的高等教育规模化发展泼了一桶冷水。他们提出高等教育的规模化只能使教育不平等持续存在。② 核心观点就是，只有当社会对于某阶段教育的总体需求得以满足时，精英阶层和弱势群体的入学机会才可能趋向平等。而当精英阶层的教育需求没有饱和时，提升的那部分入学机会并不当然分配给弱势群体，而是仍旧被高收入阶层

① 根据美国公共政策与高等教育国家研究中心（National Center for Public Policy and Higher Education）在 2008 年 12 月 3 日《纽约时报》发布的报告，从 1982 年到 2007 年美国高校学费上涨了 439%，而同期中等收入家庭的收入只增加了 147%；对美国最贫困家庭来说，2007 年一个孩子上公立大学一年的净开支要占到家庭平均年收入的 55%，而在 1999—2000 学年这个比例只有 39%；如果孩子上社区学院，这部分开支在 2007 年要占到最贫困家庭平均收入的 49%，高于 1999—2000 学年的 40%。“来自中产和中上阶层的学生成为备受青睐的消费者，而来自低收入阶层的学生和在职成年人则进入两年制学院、四年制学院中远程教育课程以及营利性高校”，更有的学生连两年制学院教育也不能完成，只能接受最低级岗位所需要的入门技能的教育。

② 其核心观点包括：第一，持续增长的教育规模并不必然会改变家庭社会地位对人们所获得的教育机会的影响。第二，当受教育机会的快速增加超过了社会的总需求时，教育系统中的不平等程度不会减少。

攫取，因为相比于弱势群体而言，他们有着更灵敏的信息来源和更雄厚的经济实力，可以想方设法地使其子女教育机会最大化。① 根据该理论，高等教育规模化发展程度并不与社会公平呈对等关系，甚至有可能加剧不公平。因此，高等教育发展中的教育机会公平和社会公平问题，引起了巨大关注。有观点认为，学费改革是基于公平而非效率。② 但是更多事例证实市场的本质在于效率，效率的追求与公平往往背道而驰。美国菲尼克斯大学明显偏低的毕业率证明了过度追求效率常常引发市场“失灵”，过度商业化也常常损害有效竞争，影响发展的效率。③

（一）学生资助提升高等教育效率

高等教育的效率体现为投入与产出，规模化发展的投入应该是人力资本大幅度提升，但尚未实现全民覆盖的高等教育始终是稀缺资源，规模化发展的福利也往往被精英阶层享有。可以想到，还有相当一部分家境贫寒但成绩优异的学生，像具有投资潜力的“原始股”，正迫于启动资金的不足，无法“上

---

① 丁小浩：《规模扩大与高等教育入学机会均等化》，载《北京大学教育评论》2006 年第 4 期。

② 例如，提倡毕业税（graduate tax）的学者认为，大量（事实上大多数）学生来自家境较好的家庭，他们中许多人由于接受了获得公共经费资助的高等教育而在毕业后找到了报酬优厚的工作，克服这种不平等的机制在于毕业税。毕业税从高等教育毕业生收入中征收，是其收入税的一部分。毕业税与传统的助学贷款的差别在于，低收入家庭学生可以偿付比高收入家庭学生更少的税。毕业税在澳大利亚得到了使用，如“高等教育贡献方案”（Higher Education Contribution Scheme）体现了不同收入家庭的学生应付学费的差异。毕业税提倡者还认为，该税是一种市场机制，促进了社会公平。

③ 美国最大的私立高校菲尼克斯大学是一家上市公司，以远程教育形式办学，但该校在发展中遇到了瓶颈。学生的学业完成率很低，菲尼克斯大学 2011 学年报告显示该校学生中在 8 年内获得学位的毕业生仅占 33%。因此，在菲尼克斯大学商业模式下，大多数消费者—投资者（学生）注定要失败或拖欠学费，就像抵押市场中的低收入购房者一样。

市”，那么他们巨大的市场价值将无法体现。对于整个教育经济来说，投资对象的偏差最终影响了产出。如前所述，学生资助的理想目标是有助于资源配置实现“帕累托最优”，使其效率最高，也最公平，实现经济理想和伦理理想的统一。学生资助重新分配教育资源，使资源有机会不依照拥有财富多少，而根据学习能力强弱配置，一定程度上弥补社会初次分配带来的不公，促进有限的社会资源都得到最佳地使用。

（二）学生资助维护高等教育公平

学生资助的对象、方式和水平影响高等教育公平的实现。研究表明，高等教育学生资助以经济弥补的方式矫正高等教育既有的入学机会不公问题，同时建立激励机制提升人力资本质量，以期长远性地改善收入分配不均而引发的社会问题。[①] 高等教育与基础教育不同，社会和个人都是投资主体，也都是获益对象，然而从获益比来说，个人短期回报率高，而社会长期回报率高。因此考量高等教育公平的维度则更加复杂，实现高等教育公平的进程也更为艰难。高等教育学生资助从一开始补贴经济困难大学生的学习成本而建立，其资助理念受到高等教育公平标准和市场机制引入的影响，其制度内容屡次变革，然而万变不离其宗，学生资助的社会目标始终未变，就是实现教育公平。

学生资助在教育起点和教育过程中都关注着“公平”。首先，高等教育市场的公平不单单是教育机会的公平，而且要求

① Woodhall, M. *Student Loans*, In International Encyclopedia of the Economics of Education edited by M. Carnoy (Oxford, UK: Elsevier Science Ltd, 1995), pp. 420 -425；齐德曼提出，学生贷款目标包括弥补高等教育财政的不足、扩展高等教育机会、增加贫困家庭子女上大学的机会、满足特殊领域、特殊地区劳动力需求和减轻学生经济负担。

“质”的公平，学生资助政策通过把握公共资源的流向，而体现教育资源在各阶层的均衡配置。① 而这种配置应该考虑到公共资源的来源和去向。第二，助学贷款等学生资助方式，使维护大学生和纳税人之间的社会公平成为可能。世界银行、国际教育规划研究所要求学生“补偿高等教育的部分成本”，对暂时无能力支付学费、无法承担生活费的学生采取贷学金等旨在“推迟付费”（deferred payment）的资助办法。② 使大学生按预期回报的分享比例来分担高等教育成本，同时并不受求学时期的经济情况而影响。第三，学生资助通过“反向歧视”（positive – discrimination）措施，推进高等教育机会均等，促进社会公平。即在提高收费标准（即要求富裕和具有支付能力的家庭为子女的高等教育做出更多的贡献）前提下向“目标学生”即处于最不利的社会和经济地位的学生、最贫困的学生提供与学习态度、学习表现相联系的专项奖学金。

在高等教育发达的国家，学生资助已经通过各种方式维护着教育的公平。在美国，“教育机会助学金”首次以财政资助的方式确保不同支付能力的学生享有平等的大学入学机会。“教育券”的形式使学生资助更有针对性，也更加灵活，它利用了“消费者投票”的市场机制，既提高了整体教育资源，又明确所增加的资源应该给予贫困学生，这种资助形式赋予学生更多的自主权，体现了市场环境下对消费者权利的认可，也促进了市场的竞争，可以说这是学生资助共同促进高等教育效

① 世界银行在1995年提出，学生资助政策的评估要求检验主要来自社会中下层的公共资源是流向富裕家庭学生还是流向贫困学生。

② 说学生只是“暂时无支付能力”是因为，绝大部分大学毕业生能够获得比同龄人更高的收入和地位。“即便是出身贫寒的学生也会因他们所受的教育，而成为社会中比较富裕的成员”。

率与公平的尝试。除此之外，中等收入家庭学生也因资助的公平理念受到关注，取消他们申请助学贷款的经济情况限制。在英国，助学贷款覆盖到所有学生，还贷期限、条件和标准与学生从事的工作回报相挂钩，这种学生资助方式则不单体现了成本分担公平，还体现了收益享有公平。[①]

四、学生资助保护消费者权益

消费者权益保护是在高度发达的市场经济中受到关注的。[②] 换言之，任何一个市场机制发生作用的领域必然伴随着自身消费者群体的形成，而其权益的保护问题也伴随着发展程度日益突显。高等教育规模化发展过程中，学生这一消费者群体权益因其个体承担教育成本的不断提升而受到越来越多的关注。鉴于高等教育产品的公共特性，该领域的消费者权益保护既要从市场机制层面考虑，更要从教育层面探寻。

（一）学生资助是消费者保持“理性”的制度依托

马金森认为，高等教育资源的竞争存在分割，精英大学处

---

① DfES. 2006 New Arrangement for Student Loans in UK. 2005. www. dfes. gov. uk.

② 在不同的社会经济发展时期，消费者权益的保护有所不同。在自然经济占统治地位的社会里，人们自给自足，是生产者也是消费者，因而不存在专门保护消费者权益的问题。商品的生产和交换，导致生产者、经营者与消费者相分离，也开始出现在商品交换中消费者利益受损害的现象。但在商品经济尚不很发达的时期，生产者、经营者与消费者的经济地位并不十分悬殊，对消费者权益的侵害，可按传统民法追究违约责任或一般侵权责任。即使法无明文时，按诚实信用原则处理，也可大致维持生产者、经营者与消费者间的利益平衡。随着科学技术的迅速发展使现代消费品日趋复杂化，而资本的高度集中又垄断了商品的生产和销售，损害消费者权益的问题遂变得愈来愈严重。

于卖方市场地位以及底层大学处于买方市场地位，市场的分割带来竞争的不对等。与这种分割相对应的是学生消费者的分层。精英大学及其对应的受众基本是中上阶层；底层则是那些学校与学生相互锁定形成的教育贫瘠区。

教育市场消费者自身的经济因素，加剧了教育资源分割和消费者分层。高等教育市场环境在信息完全性和对称性上存在固有缺陷，底层消费者的受教育经历、家庭收入、社会环境等，使其对复杂的教育信息缺乏分辨和判断能力，即使在个人能力足够的情况下，也极有可能影响其对高等教育机会的选择和坚持。学生资助则通过赋予消费者经济支持的方式，打破底层交易者的知识局限、降低其获取信息的成本、打破信息优势方对信息的垄断等，确保消费者理性选择与自身能力相符的教育商品，从而减轻教育资源分割和消费者分层。

（二）学生资助是对消费者的人力资本投资

学生资助是一种人力资本投资。① 人力资本是一种体现在劳动者身上的非物质资本，它以其数量和质量来表示。② 学生资助对消费者的人力资本投资可以从两方面进行理解：第一，学生资助是教育的重要环节，现代学生资助理念认为，经济帮助只是资助工作的一部分，通过资助手段实现教育目标则是资助更重要的育人功能。从经济学角度看，教育是人力资本的投

---

① 现代意义上的人力资本理论是西奥多·W. 舒尔茨在1960年就任美国经济学会主席的演讲中提出来的，舒尔茨指出：人们获得有用的技能和知识，这些技能和知识是一种资本形态，这种资本在很大程度上是慎重投资的结果。

② 舒尔茨：《论人力资本投资》，北京经济学院出版社1987年版，第22页。

资，因此学生资助固然是人力资本投资的重要环节。第二，学生资助确保教育目标得以实现，有观点认为教育是改善收入分配差距的有效途径之一，可以认为这也是教育的重要目标之一，学生资助正是通过经济补贴给予低收入阶层平等的受教育机会，扩充他们的人力资本数量和质量，也就等于提高获取更高收入的能力，最终使社会收入差距得以拉近。

五、学生资助保障高等教育和谐发展

和谐实质上倡导一种公平、公正、互助、合作、团结、稳定、有序的价值取向。① 学生资助对高等教育和谐发展的保障作用可以体现在：通过调动一切积极因素的方式来增强全社会的创造活力，通过协调各方面的利益关系来维护教育公平；通过营造良好的社会氛围来形成良好的社会关系；通过加强民主法治建设来维护高等教育的稳定运行。

（一）学生资助协调高等教育规模化发展中的利益关系

学费是影响学生及其家庭教育选择的重要因素，国外研究数据表明，学费每上涨一成，将会有超过6%的中学毕业生放弃上大学。② 成本分担制度建立后，学费上涨是教育机构的利益所在，学费随教育成本而提升也是教育商品提供方的利益诉求。然而，高等教育的社会属性较为独特，是否接受过高等教育意味着能否获得更好的收入和地位，甚至为后代创造更好的生活环境，因此高等教育实际上影响着一国的社会分层。既然

---

① 刘小敏：《和谐社会构想的论理学探讨》，载《理论月刊》2004年4月。

② 转引自张民选：《理想与抉择——大学生资助政策的国际比较》，人民教育出版社1999年版，第140页。

高等教育与个人的实际利益紧密关联，那么能否获得教育机会则是公众的利益所在，尤其是获得的公平性将直接影响教育受众的切身利益。避免教育成本负担带来的不公是商品接受方的利益诉求。规模化发展使商品提供方和接受方利益发生冲突，学生资助则用于协调两者间的利益关系。学生资助确保教育机会公平分配，避免教育沦为阶层凝固和复制的工具。①

（二）学生资助通过民主法治维护高等教育稳定运行

良性的市场机制必须有“良法”约制，学生资助在高等教育规模化程度高的国家，均建立了系统的法治框架，法律维护了高等教育市场经济的有序运行，确保其和谐发展。比如，美国高等教育高速发展的黄金时期也正是其学生资助法律体系完善的关键时期，美国的法治化程度很高，法律对学生资助的规范在很长时间内促进教育的和谐发展。以《高等教育法》及其修正案为统领，联邦政府实现了对教育的调控，并从立法上确定美国政府对学生资助的财政责任。联邦政府和州政府的重要资助计划都会以法案的形式开启，使得具体的资助执行机构拥有正当合法的权利，也能够遵循规范合理的操作程序。此外，资助法案能够根据教育发展的需要而不断修正，以平衡不断变动的利益冲突，实现教育的和谐发展。

---

① 2000年，我国有7个省、自治区90%的农村居民，13个省、自治区50%的城镇居民负担不起高等教育的学费水平。参考自袁连生：《我国高等教育支付能力分析》，载《清华大学教育研究》2001年第3期。

第三章　理论框架：学生资助是高等教育政府干预的合理选择

第一节　高等教育学生资助的理论基础

每个时期总有一些核心的理论来支撑社会经济发展的步伐，学生资助的理论基础亦不例外，高等教育的发展经历了漫长的时期，虽然不同时代的学生资助形式不同，但它是一个长期积累和进化的结果，高等教育学生资助理论基础的每次变化，都推动了学生资助理念的演变，继而影响了学生资助政策乃至法律制定的方向。

一、高等教育市场经济相关理论基础

从中世纪西方大学雏形出现到现代大学形成之初，在这段相当长的时期里，大学主要培养社会需要的职业人才，如僧侣、牧师、医生和律师等，以服务于国家和教会，社会需求少，大学消耗资源也少，由国家、教会和其他社会组织进行经费补偿并没有遇到太多困难。工业革命至第二次世界大战以后，人类发展历程使得高深学问走向社会生活，设立大学是维护国家、民族独立与尊严的需要，这种“国家利益至上”社会价值观要求国家拨款支持。在此之前，高等教育基本属于免费提供，但 20 世纪 80 年代因石油危机引发的世界

经济持续衰退，使得公共财政资源吃紧，社会开支日益扩大，原有的教育成本补偿模式在思想基础和财政现实上都越来越难以继续下去，市场经济的概念被逐步引入，以期通过“无形之手”解决高等教育财政危机。随着社会经济的改革发展，高等教育市场经济相关理论基础也对学生资助产生了影响。

（一）高等教育成本分担理论

约翰斯通从政治学和财政学的角度对高等教育发展中存在的财政瓶颈提出假设：传统的高等教育成本承担是基于社会福利观点，由政府或全社会以税收所得支付，这给国家财政带来无尽压力，同时制约了高等教育的规模化发展。他认为办学经费的紧张可以通过家长和学生的分担实现部分缓解，基于他们也是高等教育的获益者，由其支付部分教育成本符合市场中成本与利益相符的逻辑思维。① 高等教育成本分担理论强调教育成本的完全回收，成本的付费主体从政府转变为学生及其家庭，这是高等教育传统收支模式的变革，使受教育者真正参与教育交易关系，成为市场意义上的“消费者”。成本分担理论引导着高等教育朝向自益性、营利性的方向发展，并由此带来教学成本以何种手段、以什么比例在各个收益主体之间分担这一学费制度建立的基本问题。②

教育成本分担理论影响了学生资助理论的发展：一是，学生资助应该使成本分担更为公平。在高等教育市场中，稀

① D. 布鲁斯·约翰斯通：《高等教育成本分担中的财政与政治》，载《比较教育研究》2002年01期。

② D. 布鲁斯·约翰斯：《高等教育财政：问题与出路》，沈红、李红桃译，人民教育出版社2006年版，第53页。

缺的教育资源来自于全体纳税人，政府的公共职能促使它向公众提供高等教育这一社会服务，而提供的过程则是整体社会财富消耗的过程。市场最基本的规则就是谁付费、谁获益，然而事实上中等以上收入家庭占据了大部分高等教育资源，成为获益最多的群体，而低收入家庭却因为学费门槛而无法享有教育资源，因此可以推断穷人为富人购买教育商品，低收入者为高收入者分担了部分教育成本。为了使成本分担更为公平，有限的学生资助应该致力于解决低收入者不平等分担教育成本的难题，经济上不平等就应该通过经济补贴的形式矫正，学生资助为付不起学费的群体分担教育成本，使其有机会享受自身参与社会财富积累而应该获得的教育机会。

二是，学生资助应使成本分担更有效率。高等教育的市场改革显然在迎合新自由经济倾向，因此成本分担理论显得更关注市场效率。市场效率的最大化取决于有效的竞争，而大多数观点认为，高等教育因为缺少理性消费者，市场的竞争无法通过消费者“投票”而进行，因而不可能构成一个真正意义上的完全市场。因此，在高校为争夺优质生源而展开的有限竞争中，经济困难不能成为压垮公平竞争的“最后一根稻草”，其解决途径依然是对贫困家庭学生的大力资助。从某种意义上讲，学生资助的财政补贴维持了学费制度长期的运行，也使得市场机制有可能在成本分担中继续发挥作用。

反对者对成本分担理论的实践性置疑。他们认为成本分担理论上是有用的，但实际在技术性上却常常缺乏可操作性，至少在工业化程度较低的国家是这样。成本分担理论促进高等教育入学机会公平的前提在于建立一套经济状况调查基础上的学生资助制度，高度工业化国家可以通过广泛健全的所得税征收体制、全面可信的追踪系统、以工资抵扣助学贷款的组织系统以及有效的有私人资本辅助的政府担保系统来实现这个前提。而成本分担的反对者认为，缺少这些先进的系统（机制）降低了发展中国家教育成本分担的可行性。

教育成本分担理论最明显的特征在于“谁受益，谁付费”的原则，学生及其家长应缴纳大部分学费，但国家、社会和企业等作为其受益方，都有扶持高等教育的义务和责任。受益主体的多样性决定了完全的政府配置资源模式和完全的市场配置资源模式都难以保证高等教育的公平和效益，所以在高等教育资源配置运行中应由政府和市场两种方法共同调节，提高资源配置的效率。总而言之，无论赞成还是反对，事实上教育成本分担理论给高等教育学费制度提供了新的理论基础，而且给学生资助提供了理论革新的平台，为助学贷款制度成为最主要的经济资助形式奠定了强有力的理论基础，也为高等教育资源的配置提供了思路。在这个基础上，高等教育市场确实有了明显的发展，而学生资助的改革也显得更有活力。

（二）人力资本理论

人力资本理论的形成真正将教育与经济社会的发展联系到一起。20 世纪 60 年代，著名经济学家、人力资本理论家西奥多·W. 舒尔茨提出人力资本概念，并兴起当代“人力资本”理论研究热潮。该理论认为个体能力可以内化为资本，并用以实现对未来的满足。人力资本是劳动力市场与其他市场的桥梁，劳动者通过自身能力的提升，建立其在市场中的地位。加里·S. 贝克尔等将理论延伸到教育领域，提出教育是一种人力资本投资，它能够增加劳动者的内在资本，并影响其未来收入和生活状态，这种投资比其他物资资本投资回报更高，更有价值。① 众多数据表明教育投入和科研投入仍在优化国家经济增长结构，并成为增长的动力。②

人力资本理论作为高等教育市场经济中的重要理论之一，奠定了以助学贷款为主要形式的学生资助的最初理论。具体来说，一方面，学生资助应该有助于提升人力资本产出。经济学家和社会学家研究证实教育领域存在人力资本投资的巨大浪费。③ 富有潜力的学生囿于经济困境无法接受高一级教育，公众要求政府加大对人力资本的投资，而且这种投资应该能够被有效利用，并且能为获得最大产出的对象所享有。个人学习是更多贡献于社会的活动，教育对象的能力提升获益最大的是社会整体人力资本的积累。因此，学生资助从源头上解决经济困难学生的后顾之忧，使他们平等地获得政府对人力资本的投入，让真正有能力的人获得学习的机会，是提升人力资本产出的关键所在。另一方面，学生资本应该有助于解决劳动力供需矛盾。随着工业化程度对劳动力水平的要求提高，高端人才的

---

① Becker Gary S. *Investment in Human Capital: A Theoretical Analysis*. Journal of Political Economy 70, October 1962 (supplement), pp. 9 - 49.

② Theodore W. Schultz. *The Economic Value of Education*. New York and Columbia University Press. 1964.

③ 20世纪60年代，在美国掀起了一场声势浩大的民权运动，马丁·路德金发表的《我有一个梦想》，体现了民众要求政府投资教育的愿望。支持者认为大多数合格的中学毕业生无法继续接受高等教育，他们的潜力和才智不能得到充分的发展，他们联合向政府发出强烈呼吁，要求联邦政府为促进美国的经济增长、增强美国的经济实力、拨款资助贫困学生。

供给跟不上劳动力市场的需求，政府在重视高等教育投资的同时，也意识到教育权利的重要性。通过学生资助让更多有能力的贫困学生接受高等教育，体现了教育由传统的教化功能向提升经济生产力，实现国富民强的经济功能转变。

在学生资助有助于提升人力资本的理论影响下，教育发达国家纷纷开启高等教育学生资助的制度建设，并在法案中予以规定。如美国的《高等教育法》就规定了联邦政府确保教育公平投入的职责所在，对学生资助参与社会人力资本提升的角色奠定了里程碑地位。这部法律以其授权提供的多种方案，构筑了美国混合资助模式的框架。根据法案要求，不同学生提供不同的资助，自此联邦政府更多地关注学生个体需要。这种转变也促使美国高等教育由英才教育向大众化教育迈进。①

（三）高等教育公平理论与机会均等理论

1. 高等教育公平理论

“公平”是市民社会的基本要求，在资产阶级革命中以启蒙的作用引领了人类社会历史的新发展，并渗透到每个社会领域，包括教育。教育公平始自资本主义社会，强调按照比例平等的原则使教育者平等地享受教育权利和教育资源，以及确保教育公平能有效实现的保障制度。西方教育公平理论的发展，主要源于西方教育在价值观念上的转变，也基于西方国家在高

① 高嵩：《20世纪60年代美国高等教育改革与高等教育大众化体系的形成》，载《外国教育研究》2006年第5期。

等教育市场化和教育公平两方面始终存在的发展差距。①

高等教育公平理论包括三个方面：第一，“公平”具有历史性、层次性和相对性。马克思主义认为，没有永恒的公平。公平不是一个割裂的概念，公平的内涵被经济、政治、宗教和文化的发展所决定。同样的，高等教育公平的内涵与其自身的发展有关。第二，高等教育公平的核心是制度或规则公平。高等教育公平是一个复杂的多层面概念。② 在不同维度的高等教育公平中，规则或制度的公平是最根本的核心。规则或制度通过影响资源配置过程，及其本身不公平或存在漏洞，而影响到最终公平。第三，合适的补偿机制保证公平的实现。个体差异存在的客观事实需要通过教育来弥补或缩小，需要有健全完备和科学可行的补偿机制做保证。也就是说，对弱势群体通过必要的立法、政策和其他行政手段来改变其受教育的不利地位，从而增进高等教育的整体公平

---

① 有数据表明，发达国家中来自高社会经济阶层的学生接受高等教育的比例远远高于来自低社会经济阶层的学生。比如英国在 1992 年以前成立的大学中，来自高社会经济阶层与低社会经济阶层的学生的比率为 75：25，1992 年以后成立的大学中两者的比率为 68：32，而同年英国高社会阶层与低社会阶层的比例大约为 1：2。在德国，来自低社会经济阶层的学生进入大学的入学率为 8%，来自高社会经济阶层的学生则是 72%。同时，教育的不公平不仅体现在财富上，而且体现在某些特殊群体之中，如少数民族、特殊儿童、女童等弱势。据统计，美国 1998 年高中毕业生中有 30% 是印第安人、西班牙裔和非洲裔学生，但这三种族裔的学生当年进入高校的比例仅占 16%。在培养高层次人才的研究生教育阶段，这些学生所占比例更低。1997 年秋季，美国大学研究生人数共计 175.06 万人，其中，黑人 30.16 万人，占 8.4%；西班牙裔人 13.17 万人，占 5.0%。

② 可以区分为形式上的高等教育公平与事实上的高等教育公平；高等教育起点公平、过程公平和结果公平；高等教育权利公平、机会公平和资源配置公平；高等教育的理念公平、规则（制度）公平与行为（做法）公平或者高等教育的事实公平、做法公平、制度公平及道德公平；等等。

水平。① 在高等教育框架下，学生资助正是这样一个完善公平的规则体系。

2. 高等教育机会均等理论

高等教育公平要求实现起点公平、过程公平和结果公平。而起点公平是最初且最核心的公平，它体现在教育机会上的公平。机会不公则过程公平和结果公平更是遥不可及。近一个世纪以来，教育学家们致力于归纳高等教育机会不均的经济原因和社会原因，力图在不同社会阶层之间寻求利益的平衡点以消除财富分配不均而带来的教育机会不平等。美国知名学者库姆斯（P. H. Coombs）指出，全球教育的不平等源自于接受教育机会的差别，这种差别是教育以外的因素造成的既有不公，不平等根源在于经济社会地位的差别。② 不仅在发展中国家，即使在以美国为代表的西方发达国家，高等教育改革和发展的核心内容仍然是追求机会均等。

机会均等是双向的，从机会的提供者来说，政府应该向有受教育权利的公众提供平等的高等教育机会；另一方面从机会的获得者来说，高等教育受众应该具有平等的获得机会的能力，无论这种能力来自于本身还是外力的帮助。在高等教育市场经济环境下，学生资助受到机会均等理论的影响，力图通过两方面来实现教育机会公平：第一，矫正社会财富在各阶层中的分配不公，分配公正与否在不同政治体制和经济体制下有着不同的标准，因此学生资助矫正分配不公的手段和力度与其发

---

① 例如实行高等教育缴费入学和成本分担政策，对经济处境不良的大学生实行国家助学金、国家助学贷款，对经济特别困难学生提供勤工俭学机会等均属于补偿范畴。

② 单中惠、杨汉麟：《西方教育学名著提要》，江西人民出版社 2004 年版，第 789 页。

生作用的现实环境息息相关。第二，维护高等教育选拔标准的公正性，所有适龄对象都得到高等教育机会这一理想状态总是止步于高等教育机会资源的稀缺，其弥补方式就是通过公正的选拔来实现高等教育机会的均等，① 学习能力的评价是最合适的规则选择。② 学生资助能够确保通过选拔的优秀学生都接受高等教育，而不是止步于个人经济实力的限制。

二、高等教育政府干预相关理论基础

在当代中国研究高等教育学生资助，不仅需要注重“无形之手”——广泛的市场经济基础理论，更应注重“有形之手”——表征社会整体利益的政府干预理论基础。

（一）政府干预理论

“市场机制是否是完美的，政府是否应该干预经济”？政府干预自市场产生之初即有雏形，市场调节与政府干预的力量角逐在不同的经济主义下有着不同的结果。然而世事更迭，政府从来没有完全退出过市场，关于政府干预的理论研究也是百家争鸣，各有倚重。纵观西方关于政府干预学说的历史，有三个不同时期的典型理论。

1. 德国历史学派从后发展国家的角度提出政府干预思想

在经济自由主义的代表斯密看来，市场经济是“一只看不见的手”，政府是自由市场经济的“守夜人”。19 世纪初，德国历史学派从后发展国家的角度提出以“生产力学说”为

---

① 纵观当今世界各主要国家，不管其法律或教育政策上如何规定，但实际上均是根据考试成绩而决定下一代命运。

② ［日］柴野昌山、菊池城司、竹内洋：《教育社会学》，有斐阁 2002 年版，第 252—253 页。

出发点的政府干预思想。① 该学派认为生产力不仅是劳动，还包括一系列的社会的、政治和精神的因素，而这些因素很大程度上与国家的作用密切相关，因此，他把发展生产力的希望寄托在代表国家的政府身上。

2. 福利经济学从市场外部性角度提出政府干预学说

20世纪初福利经济学在英国兴起。该学说以市场机制对社会福利的影响为研究视角，它认为政府干预的合理性在于，出于社会责任的需要政府必须对市场机制的缺陷或失灵进行弥补，从而实现社会经济福利最大化。② 福利经济学的核心是指出了市场外部性问题，并进而指出外部性的存在使得自由竞争的市场经济中，边际私人净产值与边际社会净产值相等这一资源最优配置的标准始终难以达到。政府通过立法、税收、补贴、公共投资等办法，协调私人经济利益与社会经济利益之间的关系，以实现资源配置的最优化，发挥对市场经济的干预作用。福利经济学为市场机制失灵的原因分析创新了思路，构成了现代市场经济下政府干预理论的重要组成部分。

3. 凯恩斯学派从宏观稳定角度提出政府干预的理论

凯恩斯第一次从宏观经济角度分析资源的充分利用问题，否定市场经济自动调节理论，他在福利经济学的研究基础上，

---

① 李斯特（Friedrish List，1789—1846）在其1841年出版的名著《政治经济学的国民体系》中，提出各民族、各国家有不同的发展道路，不存在适用于所有民族的经济规律，由此提出了国家干预的理论依据。李斯特的国家干预学说强调经济学的国别性和民族性，从时代和国别的需要出发，论述国家干预的必要性。

② 庇古在1920年出版的《福利经济学》一书中，第一次系统提出了与斯密的“看不见的手”原理不一致的市场外在性理论，启发人们从市场机制缺陷的角度去认识国家干预的必要性，并将市场局限与国家干预结合起来作为一个专门领域加以研究。

进一步提出政府干预是国家维持宏观经济稳定和均衡的职责所在。① 市场的固有缺陷使其无法站在更高的、全局的视角观察经济的总体走向，短期逐利的特性决定微观经济才是市场发挥作用的主战场。市场于社会公共利益的式微迫使政府应该改变“守夜人”的角色，而应以一种更为积极的态度参与经济运作，以矫正或避免“看不见的手”的不利后果。

4. 西方政府干预理论的新发展

20 世纪中后期，西方各国均长期推行凯恩斯主义政策、但“滞胀”现象迫使其理论必须有新的发展。斯坦福大学经济学教授斯蒂格利茨（J. E. Stiglitz）提出较为温和的改革观点。他的“非分散化基本定理”认为解决市场失灵无法依靠市场规则，意思自治和契约精神只会放大市场的缺陷。政府在经济发展中代表全体社会利益，同时政府具有强制力的特性，回答了政府为什么要干预经济这一问题。② 该理论既承认“市场失灵”也认可“政府失灵”，它关于政府干预的观点较凯恩斯主义和福利主义相比更为折衷、温和、实用。

---

① 1936 年凯恩斯（John Maynard Keynes 1883—1946）《就业、利息和货币通论》出版，对传统自由放任的学说提出了有史以来最严厉的挑战，开始了一场旨在用国家干预思潮改变经济自由主义思潮的“凯恩斯革命”。他指出：“国家必须用改变租税体系、限定利率以及其它方法，指导消费倾向”；并且“把投资这件事情，由社会来综揽”，实现“国家之权威与私人之策动力量互相合作”，从而实现经济的稳定和均衡。

② 该定理表述为：如果没有政府干预，就不能实现有效的市场配置。斯蒂格利茨还认为，政府的经济行为同样具有一定弊端，政府干预的结果也不是十全十美的，不完全信息和不完全市场也是导致“公共失灵”的原因。不完全信息影响了政府决策的准确性，不完全市场，即缺乏竞争，则制约着政府调控的效率。因此，政府本身需要改革，需要采取措施增强竞争、削弱垄断、适度分散政府功能，以加强政府干预的积极作用。

（二）宏观调控理论

“宏观调控”一词的本源是经济学在市场经济语境下的概念，没有市场经济就谈不上宏观调控。现实中的市场机制并不像教科书写的那样完美，资源配置效率过低和社会不公平在市场经济中随处可见，机制失灵和固有缺陷是造成这些现象的根源。有错误就要纠正，宏观调控可以是对市场失败的纠正，也可以是对市场缺陷的预防。

对于宏观调控，不同语境下内涵有所不同。第一，在日常生活语境中，它既可能代表行为，也可能代表规定，还可能代表实物。无论是否采用宏观经济政策工具，也不管政府是从宏观还是微观方面影响经济，一般将“宏观调控”等同于“政府干预”。

第二，经济学语境的“宏观调控”源于宏观经济学，认为其是通过运用宏观经济政策（通常为财政政策和货币政策）调节社会总供给与总需求的关系，使之达到平衡。宏观调控部门只能是财政部和中央银行。① 针对与“政府干预”、“政府调节”等概念的关系，有的经济学者提出“反思宏观调控”、“宏观调控成了一个筐，什么都可以往里装”的异议，② 这些观点反对把政府管理等同于宏观调控，并将宏观调控的必要性和合理性泛化。③

第三，法学语境下的“宏观调控”学说较多，观点并不统一。有的学者认为宏观调控运用各种手段对经济进行调节和控

① 吴敬琏：《呼喊法治的市场经济》，三联书店2007年版，第111—112页。

② 魏加宁：《对宏观调控的反思与探讨》，载《经济界》2005年第4期。

③ 同前引1，吴敬琏书，第274页。

制，重点在于以实现社会全局利益为目标。① 有的相似观点还提出具体的过程和结果。② 有的学者直接将宏观调控等同于国家以宏观干预为手段的经济调控。③ 有些观点则与经济学家的关注点相同，强调社会总量的平衡。④ 还有些观点注意到宏观调控的市场经济前提，强调手段的间接性。⑤ 然而也有部分法学学者对“宏观调控”的经济学内涵理解有偏差。比如将“宏

① 杨紫煊主编：《经济法》，北京大学出版社、高等教育出版社 1999 年版，第 261 页。

② 为了实现宏观经济变量的基本平衡和经济结构的优化，引导国民经济持续、健康、协调发展，对国民经济所进行的总体调节和控制。见王全兴：《经济法基础理论专题研究》，中国检察出版社 2002 年版，第 620 页。

③ 李昌麒主编：《经济法学》，中国政法大学出版社 1999 年修订版，第 42 页。

④ 如潘静成、刘文华两位教授认为宏观调控是政府为了实现社会总需求与社会总供给之间的平衡，保证国民经济持续、稳定、协调增长，运用经济的、法律的和行政的手段对社会经济实行的调节和控制。顾功耘教授认为宏观调控是指保持经济总量的基本平衡，促进经济结构的优化，引导国民经济持续、迅速、健康地发展，推动社会全面进步的经济措施。分别见潘静成、刘文华主编《经济法》，中国人民大学出版社 2000 版，第 291—292 页；顾功耘主编：《经济法教程》，上海人民出版社 2005 年版，第 153 页。

⑤ 如张守文教授提出：宏观调控即宏观经济调控，指在市场经济条件下，以中央政府为主的国家各级政府，为了保证整个国民经济持续快速健康的发展并取得较好的宏观效益，主要运用间接手段，对一定范围内经济总体的运行进行引导和调节的过程。在我国，所谓宏观调控，指政府为实现社会总需求与社会总供给之间的平衡，保证国民经济持续、稳定、协调增长，而运用经济、法律和行政的手段对社会经济运行的调节与控制。刘大洪教授提出：宏观调控法中的“宏观调控”与经济学中的“宏观调控”在内涵和外延上是同一的，指国家为了弥补市场失灵和实现国民经济的可持续发展，在尊重市场规律和充分发挥市场机制功能的前提下，从宏观上和总体上对国民经济进行干预和调节。政府调控的手段包括经济政策、经济法规和必要的行政管理。分别见张守文主编：《经济法学》，北京大学出版社 2006 年版，第 119 页。刘大洪主编：《经济法学》，中国法制出版社 2007 年版，第 116 页。

观调控”与“政府干预”、“政府调节”通用，把政府弥补市场缺陷的各种措施包括经济法学中所称的“市场规制”都归为“宏观调控”。①

在高等教育领域同时存在着市场不效率和社会不公平的问题，这也是教育宏观调控理论的现实基础。一方面，当市场中存在公共物品流通时，因其非竞争性和非排他性的核心特征，承担生产成本的人并不一定是享受公共福利的人，市场缺乏提供这种物品的积极性。因此，教育资源作为公共物品，一直是各国政府通过购买或采用财政政策来对其进行鼓励与扶持的。另一方面，高等教育市场机制无法向社会提供充足的公平。②市场的趋利性使得形式上的公平竞争显得“唯利是图”而非“以人为本”，市场不是福利机构，市场上的商品不一定被最需要的人购买，市场的效率建立在利益基础上，经济性是唯一的考虑因素，商品需求的差异性被忽视。正因为形式上的平等产生了事实上的不平等，所以必须对市场机制分配不公平的缺陷进行矫正。对此，政府往往采取多种对策以增进公平。③体现在高等教育领域则是以“反向歧视”思维推行学生资助政策，区别对待经济情况不同的个体给予不同的资助，如在提高

① 参见王全兴：《经济法基础理论专题研究》，中国检察出版社2002年版，第620页；李曙光：《宏观调控的法律视野》，载《法人》2004年第6期。

② 保罗·萨缪尔森说过：“竞争市场的结果即使是有效率的，也可能不是社会所想要的或所不能接受的那种”。因此教育市场中的这种不公平不仅存在于市场机制不效率的场合，即使市场机制充分发挥作用也会导致社会的不公平。参考自保罗·萨缪尔森、威廉·诺德豪斯：《经济学》（第十六版），华夏出版社1999年版，第28页。

③ 比如：对收入较高阶层征收个人所得税，采用超额累进税制的方式，对国民收入进行二次分配；采用财政转移支付的措施，进行反贫困；建立失业保险制度等。

学费的同时加大家庭经济困难学生的资助额度与覆盖面。

计划经济体制下的高等教育有别于市场经济体制。计划经济主要是政府与高校之间的关系，而市场经济中原来的两位一体已经加入市场因素转变为三位一体。当市场改革成为不可遏制的趋势时，政府的管理职能应该随之改变，高等教育市场经济中的宏观调控也应做出相应调整，充分考虑市场的作用，在人文精神的基础之上，以市场价值为导向，通过政府的宏观调控，达到资本的有效配置，并实现社会的形式公平与实质公平。

（三）政府职能理论

1. 西方政府职能理论

政府职能理论的产生伴随着市民社会的兴起。公众作为社会的主要参与者和利益承担者，越来越关心政府代表公众管理社会事务的权力是否合法，管理的领域是否正当，权力的使用是否正确，权力的界线是否明晰，这些问题都是政府职能理论关注且需要解决的现实问题。大约在 17、18 世纪，西欧开始出现国家与社会的相对分离，成为研究国家与社会两者关系的历史前提。政府职能理论发展至今主要分为三个思想流派。①

第一，自由主义的政府职能理论，其侧重于对政府社会管理权力的限制。经济自由主义在政府职能理论方面强调自由放任的制度，反对国家政府对于经济的过分干预。该理论在“滞胀”后卷土重来。经济学家布坎南是该理论的代表人物，

---

① 何炜：《西方政府职能理论的源流分析》，载《南京社会科学》1999 年 7 期。

他认为“政府失灵”与“市场失灵”同样存在，甚至比“市场失灵”更为严重，政府的干预行为必须严格限制。① 支持者弗里德曼提出，新自由主义经济推崇公民的个人自由，只有完全的自由才能确保市场行为与意识的相符，然而国家的干预势必限制公民的自由。因此，在市场经济中，不需要过多的政府干预，政府只要维护社会共同的准则能够被遵守，阶级内的利益冲突可以被调和以及国家安定和民族安全即可。②

第二，国家干预主义的政府职能理论，与上者相反，它肯定政府在社会管理中的积极效用。战后，经济学界与政治学界几乎同时提出有关政府职能的讨论。受凯恩斯影响，美国经济学家萨缪尔森从市场失灵的概念出发，明确政府干预经济职能的四个方面：即建构完善的法律体系、提高资源配置效率、改善收入分配公平和稳定宏观经济运行，他认为政府干预应主要发生在经济领域，政府干预的前提条件是市场外部影响显著、公共产品供不应求、垄断限制竞争秩序以及收入分配不公等。③ 哲学家约翰·罗尔斯在其著作《正义论》中也解释了政府干预问题，他强调政府内部的组织机构必须对应政府的不同功能，而政府的功能体现为“作为公平的正义”，政府有义务用尽各种措施来使拥有相似秉赋的人实现平等的权利。④

第三，马克思主义的政府职能理论，作为批判资本主义的

---

① ［美］布坎南：《自由市场和国家》，北京经济学院出版社 1988 年版，“译者前言”，第 3 页。

② ［美］米尔顿·弗里德曼等：《自由选择：个人声明》，商务印书馆 1982 年版，第 13 页。

③ ［美］萨缪尔森、诺德豪斯：《经济学》，北京经济学院出版社 1996 年版，第 552 页。

④ ［美］约翰·罗尔斯：《正义论》，中国社会科学出版社 1998 年版，第 266 页。

一种重要哲学，研究基于的政治经济假设有明显的特殊性。对于政府职能的认识，阶级镇压被认为是第一性的，而社会管理职能则见诸于对社会的服务与支持。恩格斯指出政府职能的履行对政治统治延续的重要性，[①] 这为政府参与社会管理，甚至有时扩大管理范围做出了解释，这都是为了维持特定阶级的统治地位。哈贝马斯进一步分析政府的经济职能，他认为政府干预经济体系的途径可以是制定规划以调节经济运行节奏，还可以是创造和优化用于资本积累的条件”。[②]

2. 中国政府职能理论

马克思主义的泛化造成了中国政府传统的“万能”印象。在特定的历史背景下，传统社会主义者几乎都相信国家有能力把整个社会管起来。[③] 这一印象促使众多社会主义国家在政府万能的假设下设计出计划经济时代的政府职能，并在一定时期内遵照这个思路，赋予政府大包大揽的权力。建立市场经济体制后政府面临的一项重要的任务就是如何确定政府的角色与职能，经济体制的改革为政府职能的转变提供了宝贵的经验，中国政府对马克思主义的相关理论进行本土化研究，有选择地吸纳西方理论经验，共同形成了具有中国特色的政府职能理论：即建立一种引导型、服务型、责任型、治理型和企业型的政府职能理论，其中强调社会主义市场经济条件下的政府职能应是

---

① 《马克思恩格斯选集》（第3卷），人民出版社1995年版，第523页。

② 转引自陈振明等：《“西方马克思主义”的社会政治理论》，中国人民大学出版社1997年版，第214页。

③ 比如列宁提出要“把全体公民变为一个大‘辛迪加’即整个国家的工作人员和职员，并使整个辛迪加的全部工作完全服从真正民主的国家，即工兵代表苏维埃的国家”，“整个社会将成为一个管理处，成为一个劳动平等、报酬平等的工厂”。参考列宁选集（第三卷），人民出版社1972年版，第258页。

引导型模式。[①] 在中国，政府职能应该厘清政府、社会和公众的关系。从政府与社会之间的管理关系来看，应从执行“为民做主”转变为承担维护社会公序和代表民意的责任。[②] 在提倡民主政治的时期，积极履行对于社会的服务义务和管理职责是现代政府的基本价值所在；从政府与公众的合作关系来看，政府行使职能需要得到公众的认可，这是维持政府权力的先决条件。[③]

3. 高等教育领域政府职能理论

20世纪90年代，高等教育政策专家尼夫和范富格特以连续的研究阐述现代高等教育政府职能理论。[④]他们认为，在高等教育系统中，政府的计划与协调应然地发挥一定作用，但是政府职能在高等教育中产生两种趋势：一种是直接干预以提高经济效益、加快教育成果转化以及确保教育机会公平；另一种是政府职能不断弱化，学费改革为政府将责任转移给高校提供很好的借口。高等教育公益性督促政府行使职能以维护公共利益，而高等教育显著的自益性又大大降低了政府职能的必要程度。由于高等教育仍然是一种公共产品，政府职能不可能完全脱离高等教育领域。如前所述，当前面临的两种趋势，其相反的根源在于某一政府参与高等教育的实际情况，这种实际情况

---

① 张康之：《建立引导型政府职能模式》，载《新视野》2000年第1期。

② 张康之：《政府职能的历史变迁》，载《学术界》1999第3期。

③ 俞可平：《中国公民社会的兴起与治理的变迁》，社会科学文献出版社2002年版，第192页。

④ 尼夫是法国巴黎国际大学联合会研究主任。范富格特是荷兰特文特大学高等教育政策研究中心主任。1991年，尼夫和范富格特主编了《被缚的普罗米修斯》和《西欧政府与高等教育关系的变革》两书。1989年，范富格特主编了《高等教育中的政府策略与革新》。1991年，范富格特发表了《政府——大学关系中的自治与责任制》一文。

决定了不同政府在高等教育管理中职能的不同。

高等教育的双重性催生了两种方向不同的管理模式，即政府控制模式和政府监督模式，并由此演变出两种政府职能理论。尼夫和范富格特认为，两种理论仅表述了各自的极端情况，事实是大多数国家正在两种理论之间徘徊，为了顺应当前高等教育发展需要，几乎都在从政府控制模式向政府监督模式转变：首先，从直接控制向间接控制转变。由于财政压力，政府在减少财政拨款的情况下不再对高等教育直接控制，但事实上没有一个国家的政府会放弃发展高等教育的责任，因此大多数政府开始通过赋权的形式实施管理，将具体的工作交给高校完成；其次，在高等教育市场机制能够发生作用的领域，政府职能不断退出，减轻规制，由管理者转变为监督者；再次，政府明确高校的市场主体性，鼓励高校自我调节，以激发整个高等教育系统的创新性。总而言之，高等教育的政府职能理论变革与其所植根的经济发展情况不可分割，高等教育发展到什么程度就必将有相应的职能论相适应，而促进教育发展是任何理论得以立足的根本所在。

第二节　高等教育学生资助的政府干预属性

高等教育学生资助是高等教育规模化发展中的一项具有人文关怀的财政政策，在高等教育这个特殊的公共商品领域，学生资助的政策目标应符合社会整体利益的期望和政府行政目的的实现，而这一过程必将伴随着政府意志的体现。因此，从经济学、公共管理学、教育社会学等维度来看，学生资助具有明显的政府干预属性。

一、经济学：学生资助是政府提供公共物品的渠道

政府干预首先要有渠道，从经济学的维度看，学生资助是政府提供公共物品的渠道，这一渠道体现了政府干预的第一属性。在不同的经济学体系中，政府的作用因其行政目标的不同而相异。自由经济推崇者认为，政府只是一个自由放任市场经济的守夜人；熊彼特支持市场本身具有天然的有序性，他认为法律以外的约束都是没有必要的，人与人之间的相互作用足以确保有条不紊的经济秩序，市场的客观逻辑可以避免混乱发生。① 而以李斯特为代表的国民经济学家（政府干预派）则认为，"后发展国家需要政府的参与才能够完成（经济）赶超的任务，并始终强调国家作为一个整体在经济中的地位和作用。② 然而他们都没有否认政府提供公共物品的特殊角色。

（一）经济学寻求政府干预的客观依据

对宏观经济的探讨是凯恩斯关于政府干预经济必要性和可能性研究的独特角度，对此他提出的理由就是经济的不确定性。构成市场经济的各个因素不可能始终保持均衡，相反的是，不均衡是常态，而均衡只是一种短暂状态或理想状态。这种不均衡是市场本身的固有缺陷，灵活变动的价格机制也对此无能为力，这带来了市场缺乏效率的结果。③ 如果要寻找市场经济下私

---

① 熊彼特：《经济分析史》（第一卷），商务印书馆 1996 年版，第 280 页。

② 李斯特：《政治经济学的国民体系》，商务印书馆 1961 年版，第 109、140、153 页。

③ 托尼·基利克：《过分的倒退》，企业管理出版社 1994 年版，第 1、2、3、12 页。

人主体的替代者以维护秩序的稳定，那么这个替代者只能是政府，这就是政府干预的客观依据所在。作为替代者，政府通过各种政策、措施和行动，使得市场更具效率，比如通过财政政策平衡各类资源在市场上的配置，矫正社会财富分配的不平衡等。

（二）经济学关注高等教育市场失灵的解决途径

现实市场并不具备市场模型的理想竞争状态，尤其面对垄断行为、市场外部性和公共产品提供时，竞争的因素受到影响，市场的价格机制发生失灵。① 其中，公共物品是高等教育市场面对的最主要问题，教育产品因为“免费乘车”问题而基本不会由私人提供，相应的教育价格——学费目前看来在大多数市场中也未能体现商品的价值，如前章所述，高等教育市场中价格机制失灵的问题一直存在。

在价格机制失灵问题上，西方经济学家也不停地思索着解决方法，如众说纷纭的公共物品解决方案，这些方案的核心无一不指向：大量的政府介入。② 正是政府通过“提供私人不愿生产的公共物品”这一干预行为，才保证了市场经济稳定，并使其规模化发展。教育公共事业正是借助政府财政得以进步，这从事实上证实了经济学家所提出的政府干预这一途径的合理性。

---

① 徐广军：《政府干预经济思想发展的三个逻辑起点和理论层面分析》，载《北京科技大学学报（社科版）》1999 年 3 期。

② 例如，在英国，是市场自由主义使伦敦成为世界上最灰暗的地方，被人们称为“雾都”；又是国家对污染进行综合治理，建立了大量的治污工程和环保设施，对企业进行法律规范、监督，才解决了困扰上百年的难题。今天的伦敦是世界上最干净的城市之一，这与政府参与经济活动分不开。美国 1970 年成立环境保护总署，综合治理空气和水流中的污染，从而有效地控制了私人对环境的破坏。

（三）高等教育的政府干预责任

随着高等教育规模化发展，学费并没有使高等教育摆脱对政府财政的依赖，相反的是发展的速度与依赖的程度呈正比。① 政府干预高等教育的客观依据在于教育本身的社会性和公共性，对其投资是政府的基本职能。政府主体与市场主体在社会责任的承担角色中始终不同，对市场力量的放任将助推教育机构更关心营利的多少而不是提供了多少公共产品或是实现了多少社会利益，如此一来教育行业与市场上其他行业没有任何区别，教育质量也显然难以把控。② 高等教育规模化发展在各国的政治利益中往往体现为一国的人才战略，这是当权者基于政治目标和社会承诺的自发行为。实现目标、兑现承诺的对价就是顺应社会发展需求而提供高等教育公共产品的财政支付。正是政府干预高等教育的客观性以及干预手段的经济性，各级政府财政责任的履行显得更为必要。

（四）高等教育学生资助的政府干预责任

鉴于高等教育的大部分成本仍由公共财政支持，教育也具有明显的社会效益，因此“公平”是教育领域必须遵循的价值原则。市场中“效率第一，公平第二”，政府干预则相反。各种财政手段是国家追求公平的努力，财政支持下的学生资助

---

① 《国家中长期教育改革和发展规划纲要（2010—2020 年）》提出“全面提高教育质量，2020 年高等教育毛入学率达到 40%”的目标，对于我国高等教育财政赋予了更高的使命，政府在高等教育发展中的财政责任依然任重而道远。

② ［美］詹姆斯·杜德斯达、弗瑞斯·沃马克：《美国公立大学的未来》，刘济良译，北京大学出版社 2006 年版，第 79 页。

工作亦是如此。在我国，从宏观经济上，中央财政对地方财政的转移支付是补充经济不发达地区教育资源匮乏的重要手段，进而矫正了社会财富初次分配不公带来的公共资源分布不均现象，比如国家加大对西部地区学生资助的力度（提高国家助学金的生均拨付额度）以平衡西部地区教育资源，转移东部地区教育压力；从微观经济上，建立从中央政府到地方政府的高等教育学生个体资助体系，以不同的方式将国家财政转移给经济弱势群体，比如生源地贷款、国家助学贷款等方式，平衡不同群体之间的教育资源分布，使高等教育公平得到更为切实的保障。由此可见，在高等教育市场经济条件下，学生资助政策是政府干预责任的体现。

二、公共管理学：学生资助是政府对公共选择的应变

公共选择理论首先将“市场”概念扩大化，将市场思维融入政治研究领域，其研究基础是对人类社会的两个市场进行属性界定，以经济性和政治性区分市场分类，并描述发生在各个市场中的行为定义。在经济市场中，消费者通过买卖关系选择最符合他生活需要的商品，买卖关系的媒介——货币充当了“选票”的角色，选择行为是经济决策的过程；在政治市场上，公众通过投票关系来选择最符合他价值需要的“商品”，比如民意代表、法律法规等，实体选票成为投票关系的媒介，选择行为是政治决策的过程。[①] 无论是类比的还是真实的，“选票”的存在说明选择的可能性。在两个市场中，“选择”这一行为是“消费者”获得最大利益的途径，也是商品提供

① 方福前：《当代西方公共选择理论及其三个学派》，载《教学与研究》1997年10期。

方努力的方向所在。公共选择理论在市场思维的框架下，将经济市场和政治市场结合起来比较分析，探究了作出经济决策和政治决策的主要因素，展现了政府依据公共投票作出政策决定的经济性所在。

（一）经济市场中的政治决策

公共选择更多地适用于公共物品领域，私人物品可以通过市场选择，而公共物品更需要关注集体的“声音”。免费乘车问题始终困扰着公共物品提供方，这是现代经济市场中不可回避的公共服务或管理困境。提供公共物品于私人来说，没有利益可言，因此自由市场经济条件下，没有个人或私有机构愿意主动提供公共物品，完全市场机制会使公共物品求远大于供。因此，对于公共物品生产领域的资源配置往往不经由市场机制，而是由支付生产成本的全体纳税人，和享受公共利益的全体民众的“选票”来决定分配方案，而“选择”结果直接影响政府的决策内容，即政府选择。同理，高等教育产品特性给高等教育经济市场中的公共选择，即政策的制定提供了依据，政府通过政策的执行与导向来影响教育产品的供求。

学生资助就是政府针对教育领域公共选择的政治决策。无论是政治选举的承诺还是公众朴素的要求，提供高等教育服务一直是公众对政府的希冀所在，而这种供给应该是公平而均衡的。因此，对贫困学生的资助事实上是公众的选择而非政府的选择，只不过政府顺应了公众的希望。不单单是学生资助的总体政策，其具体采用方式也体现了政府对于公共选择的应变。比如教育券制度的设计，教育券是将政府原本的教育福利补贴给教育消费者，而不再补贴学校。① 显然，该政策设计是公共选择理论下的产物，赋予消费者更大能力以实现其向高校“投票”的主权，可以迫使高校重视消费者的需求，而不是自身的利益。教育券可以在学校之间引入竞争机制，这样的资助政策更符合公共愿望。一方面教育消费者（选民）成为更大的受益方，从而赞成这样的资助政策；此外，教育券使得在私立学校就读的家庭也可以享受财政资助，更多的人在政策引导下选择私立学校，政府的财政压力因此减轻，节约了有限的教育资源，提升了教育公共产品的供给率，纳税人全体也因此受益，并赞成这样的资助政策。

（二）政治市场中的经济目的

所谓公共选择，可以定义为非市场决策。它所研究的主题是政治市场中的现象，而使用的方法论却源自经济逻辑。从传统经济学的角度分析，基于公共选择的政治决策通常符合社会大多数人的利益期望，因此任何体现为“政府干预”的决策，其经济目的就是追求社会各种资源的合理配置，当然这是一种

① 根据代金券设想的倡导者弗里德曼（Friedman，M）和詹克斯（Jencks，Christopher）等经济学家的设计，代金券应具有如下特征：第一，代金券设想的本质是教育应该部分地由私人来提供，通过补助金政策强制要求全社会接受学校教育，并制定一些名额分配和补差的制度以增进效率与公平。第二，所谓“补差”即获得的代金券不够支付全额学费时，家庭可以自己支付剩余的部分、或者在不实行补差制度的情况下对低收入家庭在代金券的基础上给予一定的补偿性增量，以实现向那些贫富学生比例严重失调的学校转移资源。第三，代金券的价值以公立学校中的平均支出为标准、或低于这个标准。总体来说，基础代金券应满足公立教育的全部支出。第四，学生可以选择任何学校来消费代金券，不论是公立还是私立的；学校也可以完全自由地选择学生。第五，对需求大于供给的学校应给予限制，因为至少大部分名额需要通过投票来最终予以决定。

理想的设想。随着社会化程度的提升，公共物品的需求种类和数量在提升，市场的外部性影响也在增大，政府已成为不可或缺的经济主体，或者说政府在政治市场中的经济目的也越来越明显。

体现在高等教育领域，政府实现教育公平的责任实质上指向的是教育资源有效配置的经济目的，为了达成这一经济目的，政府需要遵循公共选择理论，制定出有效的资源配置政策。比如说，为了更加有效地配置教育资源，抵销市场失灵带来的负面影响，大多数政府将学生资助作为教育公共物品提供的配套制度。

三、教育社会学：学生资助是政府实现社会和谐的手段

马克思主义对人的本质和人与社会的关系作出判断，认为单个与社会关系割裂的抽象表达并不是现实的人的本质。[①] 人与社会的关系在于相互之间的促进与影响，人在社会的发展中提升自我，反之推动社会的发展，离开了人的核心作用，社会的发展只能是客观资本的积累。人的发展是社会和谐的关键，实现和谐必须将“以人为本”作为要旨。和谐的社会应该具备一套调和利益冲突，促进社会合作的制度体系。学生资助就是高等教育领域调和教育资源在差别群体之间的分配不均，促进社会各方力量共同服务教育的一种机制。

（一）社会共生理论

社会的和谐发展在于正视单个人的社会性，正如萨维尼所强调的，完全与社会分割的人并不存在，独立可以体现为行为

---

① 《马克思恩格斯全集》（第三卷），人民出版社1960年版，第34页。

和精神的自主，但是从社会关系上看，任何独立的人都是社会集体的成员之一。[①] 因此单个人的发展应该置身于家庭、民族的利益之中，“一荣亦荣，一损皆损”，历史维度上单个人的发展也延续了在此之前的时代积累。社会共生理论以人的平等为前提，尽管它承认人与人之间存有利益冲突和立场对立，但它更坚信人类互相促进共同发展的能力。实现经济权利和社会权利，是社会共生关系得以稳固的基本条件，也是社会发展的必然结果。[②] 现实市场经济，竞争是社会发展的链条，如何在竞争中“共生”和如何在合作中“竞争”，是市场经济环境下社会和谐的行为逻辑。

学生资助作为高等教育领域的重要政策，体现了对社会公共利益的维护，是以社会为本位的政策，它解决高等教育市场中优势群体与弱势群体的共生，解决教育资源获得不平等的主体间的共生，甚至进一步解决人的能力与自然环境的共生，这一政策促进人的经济权利和社会权利的实现，巩固了共生关系的建立基础，它对社会共生结构的努力，促进了社会的和谐发展。

（二）社会冲突理论

在市场竞争中利润是成功的标志，在社会竞争中支配是成功的标志。在每个社会群体中，竞争结果自然而然地将群体分隔，有人支配他人，有人被他人支配，这种格局始终因为两类人的利益冲突而岌岌可危，总是有人想打破现状，实现利益的

① 卡尔·门格尔：《经济学方法论探究》，姚中秋译，新星出版社2007年版，第75页。

② 岳天明：《社会运行规范化与西北民族社会的和谐》，载《新疆大学学报》2005年第6期。

重新分配。社会由两类冲突团体构成，相互间充满竞争，这就是社会冲突理论的基本内涵。

社会冲突会带来社会结构的不断整合、更迭，而这一过程需要良性的规则维护调整时的秩序和公平。这些规则指的是政府基于管理职能的合法干预规则，包括法律手段、行政手段和经济手段。政府干预规则的缺失会放任市场的竞争思维，损害弱势群体基本利益，投放在高等教育领域中，如果放任市场自由运行，消费者（学生）群体内将会因为经济支配地位产生获得教育利益的冲突，高收入阶层对教育资源占支配地位，而低收入阶层则丧失选择权，这种冲突的缓解途径就是对群体中的格局进行整合，对带来支配地位的因素进行再分配。学生资助正是这种优势因素再分配，分隔阶层再融合的理想机制，对社会冲突的调和体现了学生资助的政策价值和干预目标，是政府实现社会和谐发展的手段。

第四章　法理依据：高等教育学生资助的财政法思考

“科学的基本假设尽管看起来靠不住，但是从假设到论证的过程，能够从看似毫无联系的众多现象中得出根本的逻辑结构。”① 一直以来，关于高等教育学生资助的研究徘徊在制度本身的设计与执行，却对相关法律研究应该遵循的法理思路、法律价值避而不谈，以致研究视角和研究方法始终未能选择到适合的切入点，这也许是学生资助政策性盖过于法律性的现状所致，然而在法治社会中，以法律规范政策才是治国之道，也是本文研究的意义所在。因此，该章的主要目标就是通过假设命题，以演绎归纳的方式寻找学生资助法律研究所应该遵循的法理依据。

市场机制引入高等教育作为一种现代教育发展中普遍追捧的治理方式，其对高等教育资源的扩充和规模化的效用显而易见②，但与其相生相长的社会问题也需要及时解决③。纵观高

---

① Friedman, M. (1953) *Essays in Positive Economics Chicago*: *University of Chicago Press*, p. 33.

② 劳凯声：《教育市场的可能性及其限度》，载《北京师范大学学报（社科版）》2005 年第 1 期；金子元久：《高等教育市场化：趋势、问题与前景》，载《清华大学教育研究》2006 年第 3 期；David D. Dill. *Higher Education Markets and Public Policy*" Higher Education Policy 10, 3 – 4 (1997), pp. 167 – 186.

③ David D. Dill. *Higher Education Markets and Public Policy*, Higher Education Policy 10, 3 – 4 (1997), pp. 167 – 186; Simon Marginson, Markets in Education (Australia: Allen & Unwin, 1997).

等教育学生资助有效的国家，其学生资助法律规范相较更为完善和系统。在我国，学生资助同样是高等教育发展中一项重要的国家政策，其法制化进程的必要性不言而喻。上文对高等教育学生资助的行为分析与理论阐述，明确了学生资助这一政策所基于的市场特点和其必要的政府干预属性，因此，笔者基于上文的分析，谨慎地推论：学生资助的法律研究应该置身于一国的经济法体系之中，适用与经济法相关的方法论，并探求经济法律体系中与之最为相关的切入点，即财政法。

第一节　财政法的基本遵循

对学生资助法律研究应在财政法体系内架构这一假设命题，是基于对客观事物的正确分析所做出的预见性概括。财政法的价值追求、功能理念在解决高等教育学生资助法律问题方面，较民法、行政法而言具有追根溯源的特殊优势，能够充分发挥其功能。下文将对财政法的基本遵循进行论述与分析，以期从财政法本身呼应命题的成立。

一、财政法的价值[1]

中国从计划经济平均主义盛行的国家转变为市场经济中等程度的国家，社会贫富差距问题却随之而来。[2]可以说，“马太效应”影响下的社会不公日益严重，其根源在于社会财富、

---

① 法的价值是指在作为主体的人与其客体的法之间，法对人的积极意义和有用性。

② 在中国居民收入分配领域颇有研究的李强教授，早在1995年就提出了这种担忧。详见李强、洪大用、宋时歌：《我国社会各阶层收入差距分析》，载《科技导报》1995年第11期。

国民收入以及公共资源在社会各阶层和地区的分配不公，这为政府及其公共财政的介入提供了客观依据。在同样的背景下，西方政府大规模地介入社会公平问题之中，而于中国传统治理文化，“不患寡而患不均”亦有佐证。因此在市场经济条件下，一个运行良好的财富分配规范①，能使国民收入和各种公共资源正常、合理地流动，促进社会的和谐发展。现代法治社会中这一规范体现为财政法，因而财政法的价值就在于促进社会公平分配，实现社会整体利益。

（一）促进公平分配

公平与效率是任何法的基本价值，强调公平优先于效率，是在社会主义市场经济发展中，经济法体系对所调整的法律关系应该维护的社会利益本质的肯定，公平在经济法律部门中处于优先地位，是整个经济法体系的根本价值。经济法的公平价值反映其法的本质特征，原因在于它所保护的公平是形式与实质相统一的公平，是社会总体公平。市场主体具有自利性和逐利性，这是市场机制的固有特征，也决定了市场当以效率法则为优先。市场自发的对收入进行分配，必然呈现出效率的结果而非公平的结果，以致产生较大的收入差异，对于这种差异，市场内部制衡纠偏的再分配机制是缺失的。②

“效率经由市场，公平通过政府”体现了政府收支与社会公平的密切关系。③ 财政法就是经济法体系内承担再分配功

---

① 孙立平：《和谐的重点是协调利益关系》，载《南方周末》2006年11月2日第15版。

② 参见保罗·A. 萨缪尔森、威廉·D. 诺德豪斯：《经济学（下）》，高鸿业译，中国发展出版社1992年版，第173—174页。

③ 张馨：《公共财政论纲》，经济科学出版社1999年版，第194页。

能，实现公平分配乃至社会总体公平的法律制度。财政法以财政预算制度、财税制度、财政支出制度为主，具有强大的筹集财政资金和利益配置的功能，公平分配性价值体现得十分充分。以财政法为手段矫正分配不公，是对传统管理方式即单纯以财政政策实施政府干预对社会财富再分配的进步，以“法治”取代“人治”，是社会分配领域实行规范化制度化的管理方式改革。

调和社会矛盾，包括个体与集体的冲突，私人与公共的冲突等，这是所有法的基本功能。① 但是具体法律部门所保护的社会关系有所不同，这决定了它们在处理冲突、调和矛盾时秉持不同的平衡理念，而财政法秉持的理念就是主动调整和多元兼顾。财政法也有对于效率的追求，对财政法来说，它所确认和保护的是社会财富在各个阶层间的公平分配，不仅是形式更是实质上的公平，不仅有水平的公平更有垂直的公平②，社会总体分配公平是其价值所在。

公平的实现依靠制度和规范，民主国家的法律对同样环境中的对象适用同等标准，而排除其他无关因素的影响，比如阶级地位和经济收入。这是“法治”较于“人治”的任意性最大的区别，也是法律保障公平的最根本途径。③ 体现在财政法上，就是赋予同等市场经济环境中，平等市场主体享有平等竞

---

① 张文显：《二十世纪西方法哲学思潮研究》，法律出版社 1996 年版，第 129 页。

② 水平的公平是指在相同的情况下，各人的负担应该相同，即在负担相同、需求相同的情况下，给付亦应相同。垂直的公平则指不同情况之各人，应异其负担，即矫正所得、资产分布不公。参见蔡茂寅：《社会保障的财政法思考》，载《交大法学》2014 年第 1 期。

③ ［德］柯武刚、史漫飞：《制度经济学》，商务印书馆 2000 年版，第 85 页。

争权利。竞争机会均等应是“所有人都有机会不受他人妨碍地追求其自选的目标”①。市场经济条件下，财政法的公平应该体现在“机会均等”与“结果平等”。财政法通过参与社会财富分配，干预不均衡的收入，补偿或救济社会弱势群体，矫正致其无法享有平等权利的具体因素，助其享有均等机会，从而实现分配结果的总体公平。财政法将分配公平作为自身最重要的价值取向，体现了财政法对市场经济分配不均的制度预判，和注重纠正分配差距的制度意义。

（二）实现社会整体利益

传统经济学和功利主义哲学都认为，社会整体利益是由个体利益所组成的，两者具有一致性和可累加性，只要确保个体利益，社会利益就能够最大化。随着市场化程度的提升，个体利益的实现往往以牺牲整体利益为代价，而社会整体利益的最大化是社会得以可持续发展的必备条件。因此良性法律的现实意义最终必是达成社会的整体利益，只是实现手段和实现过程的倚重有所不同。经济法体系从一国宏观角度令国家介入经济生活，其促进和保护社会整体利益的目的性更为直接，作为其中一员，实现社会整体利益更是财政法追求分配公平价值后更上一层的价值取向。

财政法把对经济主体行为的评价视角从自身延展到整个社会，只有符合社会整体利益的行为，才能得到肯定。财政法也正是从社会整体利益的需要出发，重新分配社会各阶层、各群体的经济权利和义务，实现社会经济资源的优化配置。财政法

---

① ［德］柯武刚、史漫飞：《制度经济学》，商务印书馆2000年版，第85页。

实现社会整体利益的途径是借助国家法律强制力来规制经济生活的行为模式，与民法的方式不同，它以整体规约个体，将社会整体利益寄寓于社会个体的活动中，要求个体的活动目标应与社会总体目标相吻合。

具体来说：首先，财政法维护社会分配的公平性。在有效处理和化解矛盾冲突的社会机制框架下，财政法从法律层面兑现政府经济管理与公共服务的政治承诺，构建一系列法律制度，公平合理地在社会成员之间分配社会财富。其次，财政法为规范政府的财富分配与再分配行为提供法律保障，如通过税收法律制度和预算法律制度赋予财政收支的权责保障，通过转移支付制度赋予调节区域经济发展不平衡的权责保障等。政府的分配与再分配调控能力将直接影响社会整体利益的实现。第三，发挥财政法分配价值的中介作用，法是国家分配社会财富的有力工具，这点在财政法上体现得更为鲜明。财政法的分配价值是实现社会整体价值的工具性价值，它能够直接分配经济价值，并间接影响其他社会价值的分配，比如秩序、人权等。因此政府往往借由财政法，实现国家法律体系的根本目标，即社会整体利益。最后，发挥财政法调和多元利益冲突的作用。财政法主要通过缓和社会不同群体、阶层的矛盾冲突，平衡优势群体与弱势群体间的既得利益和期待利益，以维护公平的手段实现社会整体利益。

二、财政法的功能

财政法是法治经济的产物，是法律对市场机制缺陷的回应，也是对政府管理社会经济的规制，是法律对市场经济运行中失衡的经济结构利益关系进行宏观调控的表现，因此财政法对应的具有以下功能。

（一）规范财政法律关系主体的权利与义务

规范法律关系的内容是法的基本功能之一。财政法的首要功能就是对财政法律关系里的权利和义务进行界定，明确其区别于其他法律关系的特点，以及适用财政法律规范的必然。财政法规范法律主体权利与义务的过程，是其实现其他功能的必经之路，同时体现了财政法规则的特殊性。

财政法规范具有经济管理性质的权利义务。财政法律关系的内容取决于财政法调整的对象特征，它所调整的对象是政府进行经济管理时管理者与管理相对人之间的社会关系。首先财政法规范的场域是国家经济管理，这决定了它所规范的权利义务不仅与社会公共利益紧密相关，而且会随着经济管理结构而变化。当从计划经济向市场经济转变时，政府承担的经济管理职责从“保姆型”到“引导型”转变，市场的更多参与使政府干预经济的管理方式发生变化，也使得政府充当了更多角色，在不同的社会关系中处于不同的法律地位，实施不同的法律行为，从而受到不同的部门法调整。①因此，财政法规范的权利义务应该体现政府承担经济管理角色的特殊性，使其与政府作为主体的其他法律关系有所区别。此外，财政法律关系规范一般体现为对某个群体或某类行为指向的权利义务采用的普遍性规范，它着眼于社会整体

---

① 比如说，国家是国家财产（含经营性财产和非经营性财产）的所有者，是行政关系的权力主体，是社会公共管理者。当国家以财产所有者的身份进行民事活动时，它所发生的财产关系由民法调整；当国家进行行政管理和实施行政权时，它所发生的行政关系由行政法调整；当国家（主要是政府）作为社会公共管理者，实施经济管理权时，它所发生的经济管理关系才是经济法的调整对象。

的保护，而不是个体私益的保护，对于个体私益它采用的是间接干预的手段，这种模式有利于社会主义市场经济改革后，对整体经济利益的保护。

财政法规范具有社会性的权利义务。财政法的调整对象是政府以经济干预为主要内容的在社会管理过程中发生的社会关系，公益性和利他性是基本特征，这也决定了规范所界定的权利义务具有公共属性。这一特征是财政法律关系区别于以私益性为第一性的民商事法律关系 ，以及国家利益为第一位的行政法律关系的最根本依据。权利义务的社会性要求政府在实施经济管理行为时，必须以社会经济的公共利益最大化为目标，不局限于私人的财产管理，也不等同于行政机构的职权管理，而是一种社会性的公共管理。

在法治经济的时代背景下，以法律形式规范财政主体的权利义务是依法管理原则在财政行为中的表现，是从权力主导下的计划经济时代走向权利保障下的法治经济时代的必然选择。在政府的财政管理活动中，法治要求确保权利与义务，职能与职责的相统一，同时也令国家整体财政运行在法律框架下有序运作。

（二）保障社会分配合理有序

亚当·斯密提倡的理性主义国家职能理论在很长的一段时间里，被实行自由市场经济的西方国家所推崇。在这种管理模式下，政府并不能主动积极地干预竞争，而只能作为市场规则的辅助者。对市场经济的干预程度是判定一个政府是否合格的标准，市场调节被认为是高于政府干预的最重要机制。随着垄断渐兴、竞争受限、市场机制怠工、价格规律失效等市场失灵现象在经济高速发展时期出现，凯恩斯主义受到关注，被认为是解决市场经济滞胀的理论出路，在这个理论转变下，政府干预成为与市场机制同等重要，甚至有时更为重要的手段，也成为国家积极参与经济管理的正当理由。大多数国家开始运用各种手段参与经济管理以实现社会利益最大化的目标，财政手段正是其中最为重要的组成部分，它一方面弥补市场机制无法发生作用的问题，另一方面也预防市场可能失灵的情况。

财政法正是顺应国家干预主义背景而发展起来的法律规范体系，与市场自主调节社会分配有所不同，财政法为政府行政力量介入社会财富分配提供了法律依据，一方面它使财政制度成为加强国民经济宏观调控的重要手段，另一方面它为社会分配秩序的保障建立了公共合理的规则。财政法的评价角度更加全局，覆盖的范围更加广泛，调整的对象和利益也更加多元，它以鲜明的导向性影响经济资源在各阶层的配置，对实现社会分配公平十分重要。建立完善的市场经济需要良好的社会分配秩序，秩序的建立和维护离不开法律手段，财政法律就是监督秩序正常运行，发挥国家财政政策应有实效和导向的法律保障。因此，维护社会财富分配的合理有序是财政法的主要功能，从法治层面规约分配秩序才能使政府调节既有权力的法律基础，又有职责的法律约束。

（三）规范政府财政权力

现代经济法功能学说认为，经济法作为经济管理法律规范，传统的观点认为是对政府干预经济的“赋权”，而本质上其实应该是对政府的“限权”。经济法体系是通过规范政府经济管理职能实现路径和职责承担要求，以实现对政府行政权力的规范。这种限制是基于对政府行为外部性的考虑，政策分析学派认为政党利益与公共利益的偏差，行政执行效率低下，经济政策的决策依据不充分等局限因素，使得“政府失灵”客观存在。① 因此，市场失灵是政府干预的必要条件而不是充分条件，如果政府不能比市场更好地运作经济，甚至被政府“缺陷”所影响，那么这种“缺陷”应该有制度予以关注和规制。②

财政法是一国经济法体系中赋予政府财政调节权力的法律规定，其功能本质也必将体现对政府相应权力的规范。它不单单是弥补市场失灵的干预法律，更是预防或惩戒政府失灵的限权法律。社会经济发展的国际化和全球化必将推动财政法的变革，政府干预和参与国民经济的“度”应由法律做出相应控制。例如监督制约财政主体是否依法理财、合理分配、有效调控，一旦财政管理主体滥用职权、违法乱纪则需要法律予以追责。

三、财政法的目标

公共性是财政（特别是公共财政）最为核心的要素，那么如何保证财政公共性的实现？在法治社会，通过法律方式对财政行为进行规制，是确保财政公共性的重要路径，也是财政法的目标。

（一）财政法的目标是确保财政的“公共性”

德国著名财政学家瓦格纳将政府的经济管理职能界定为矫正不合理分配结果，干预社会财富再分配，积极参与国家经济

---

① 陈秀山：《政府失灵及其矫正》，载《经济学家》1998 年第 1 期。

② 陈振明：《非市场缺陷的政治经济学分析》，载《中国社会科学》1998 年第 6 期。

运作，实现对立阶级的利益调和，促进社会的稳定。① 马斯格雷夫在著作《比较财政分析》中进一步将政府职能在财政方面阐释为“服务公共利益”、“平衡财富分配”与“维护社会稳定与发展”三项。② 政府财政职能是基于政府对于社会公共利益的责任，既然是维护公共利益，就需要制度解决“公共”财富的收支问题，制度的重点在于如何规定“公共”财富收入和支出两方面，以保证财政的“公共性”，最终使得充足的“公共”财政运用于公共领域。“财政的过程就是一部分人花全部人的钱”，③ 别人的钱从何而来，如何而来，又到哪去就非常关键，由“收支”两字可以看出，财政活动“收”为先，“支”为后，充足的公共收入是有效支出的保障。因此，财政活动得以延续的关键在于财政的公共性，具体体现在财政行为、财政资金和财政目标等方面，那么法律层面如何创建一个有效的解决规制？财政法一以贯之地解答这个问题。

（二）财政法实现这一目标的途径

首先，财政法为处理财政这一公共事务提供了民主机制途径。现代法治社会中，需要一个民主的法律机制将多元化的利益诉求进行调和，形成社会一致认可的行动方向，体现在财政法的内容上，它将社会共同需要的财政投入写进法律保障范围，同时建立以预算制度为代表的民主机制，给予公众选择的

---

① 毛程连主编：《西方财政思想史》，经济科学出版社 2003 年版，第 60 页。

② ［美］理查德·A. 马斯格雷夫：《比较财政分析》，董勤发译，上海人民出版社、上海三联书店 1996 年版，第 47 页。

③ Jürgen von hagen, *Budgeting Institutions for Better Fiscal Performance*, Anwar Shan (edit.), *Budgeting and Budgetary Institutions*, The World Bank, Washington, D. C., 2007, p. 27.

机会，为政府财政活动确定公共选择的民主机制。其次，财政法还划定财政过程中的公权力界线，既在实体制度中规定财政主体在财政活动的权力界线，而且在程序制度中明确权力行使的规范步骤。最后，与其他方式更为不同的是，将通过国家强制力确保规则的实施，并通过法律责任机制向责任主体追责。

第二节　高等教育学生资助政策分析

一、高等教育学生资助政策的价值追求

政策的根基在于其价值选择，与社会发展目标相符的价值才能为政策行动主体所接受，并获得政策对象的拥护，合理有效的政策价值能够促进其主导的制度体系不断创新。于学生资助政策而言，其价值分为内在价值、核心价值、最高价值三个层面，以资源效率、教育公平以及社会和谐为追求目标。

（一）以资源效率为内在价值

如前文所述，学生资助是教育资源的一种重要类型，在不同的教育活动中，教育资源的种类和数量是有所差异的，而对学生的资助便是教育资源的一种类型。“教育资源”这一概念源起于经济学范畴，带有明显的经济学特性，“效率”是经济学中最重要的价值取向，由此也在学生资助中有所体现。

一方面，从社会责任主体角度来看，学生资助应体现效率价值。学生资助是面向经济弱势群体而进行的整体性帮扶，符合教育资源公共产品的部分特性：包括“效用的不可分割性”——公民受教育的整体权益，以及“消费的非竞争

性”——符合条件的皆可受资助。因此，学生资助的公共性通过其产生的人力资本和社会资本具有很强的外部性，这种外部性的受益群体是集体而非个人，即在特定的政策和制度下，通过学生资助，使受资助的学生享有了平等的受教育权和共享优质的教育资源。正是资助资金的最终效益与集体利益相关联，所以即使没有经济学中“理性人”个体来自发的追求效率的最大化，政府作为社会整体利益的代表，其角色就是教育市场中的“理性人”，政府必须追求公共资源——资助资金使用的效率最大化。另外，和教育公共产品的“受益的非排他性”特性不同，高等教育中的学生资助基于教育资源的稀缺，是具有排他属性的，在有限的资金投入中，受资助个体必然排除他人继续享有同一份资助金额的可能性。因此为平衡不同个体之间的差异，必然要求学生资助设计出更体现效率最大化的机制。

另一方面，从社会财富再分配的角度来看，学生资助应体现效率价值。国家、社会和个人对学生进行经济资助的过程，实质上是通过学生这一教育活动的中心和对象，将经济资源投入到教育系统中的资源配置的过程。学生资助是政府参与社会财富再分配的手段，是以纳税人整体财富承担小部分人教育成本的行为，从政府财政职责的效率角度来看，学生资助自然不能例外。我们将学生资助资源配置的理想目标称之为资助的效率①。高等教育学生资助的效率既应该体现在通过政策引导使

① “效率”是一个经济学概念，经济效率包括两种：一种是生产效率，指的是投入与产出的比例关系；另一种是资源配置效率，是指社会资源利用产出量与资源闲置量之间的比例关系。生产效率用于评价企业的生产力状况，适合于微观分析；而资源配置效率用来解释社会不同领域中的需求与供给之间是否均衡，资源是否得到最佳配置，适合宏观制度分析。

相关社会资源得到最佳配置，也应该包括政策的执行效率，比如说：资助资源配置到最需要的弱势群体；学生资助配置制度的交易成本最低等。

（二）以教育公平为核心价值

教育公平是当前国家基本教育政策，是教育民主化进程中的一个重要阶段，对“强者”的限制和对“弱者”的保护体现了“主权在民”的思想。柏拉图在其《理想国》中阐释了对教育公平的理解：国家供给教育机会不应该受教育对象外在因素的影响，比如种族、阶层或者经济能力，而应该供给个人平等的受教育机会，使其有可能通过自身努力从教育中获得发展。教育公平就是政府为受教育对象提供同等的受教育机会。① 学生资助政策是在学费制度改革后逐步受到关注的，这说明在市场条件下，为了弥补对经济弱势群体的忽视，学生资助政策被制定和推行，教育公平是学生资助政策追求的核心价值。

1. 学生资助有利于保障起点公平

高等教育学费改革将财政压力转化为学生及家庭的经济压力，作为教育的获益者，学生被要求分担部分教育成本，这意味着教育对象除了学习能力要求之外，还附加了经济要求。

---

① 1998年8月，联合国教科文组织在巴黎召开的首次世界高等教育人会上通过了《21世纪的高等教育：展望与行动》的宣言和《高等教育改革与发展的优先行动框架》，该文件提出了高等教育公平的重要原则之一是：能否被高等院校录取应根据那些想接受高等教育的人的成绩、能力、努力程度、锲而不舍和献身的精神，而且一个人在一生中的任何时候均可被录取，其以前所获得的实际能力应得到应有的承认。因此，任何人不得因其种族、性别、语言、宗教，也不得因其经济、文化或社会差别或身体残疾而被拒绝接受高等教育。

“如果存在激励机制，不平等就必然存在”。[①] 在有限的机会还需要经过激烈竞争才能获取的背景下，这种经济要求可能把那些出身贫寒的学生挡在大学校门之外。教育机会公平是经济困难学生改善自身的前提，机会公平的缺失将使对于教育公平的所有努力付之东流。学生资助制度实质上是一种矫正制度，它对经济困难学生的援助，直接或间接地拉近了他们与优势群体的差距，使得禀赋相同的学生在教育机会上有平等的起点。学生资助关注社会弱势群体价值选择符合社会发展客观公正的原则。[②]

2. 学生资助有利于教育过程公平

教育过程公平即受教育者在接受教育过程中受到公平对待。[③] 入学公平使得很多寒门子弟对于“象牙塔”有了憧憬的勇气，然而随着学费标准和生活开支的提高，“囊中羞涩”仍会给贫困学生的求学之路带来不少坎坷，比如高价专业书的购买、资格证书的培训费等，与优势群体的竞争仍然时时受“贫穷”所限。学生资助正是通过制度设计一定程度上缓解这种与经济差距始终相随的竞争差距，这对贫困学生而言更为公平。学生资助的经济补偿从根源上解决差距的存在，以经济状况的改善实现经济困难学生受教育的全程公平，这些学生将更为正视自身的劣势所在，养成健康的心理和积极的人生态度，珍惜政府给予他们的经济补贴，用正确的姿态参与公平竞争。

---

① 陈晓宇：《成本补偿：面向21世纪中国高等教育投资的战略思考》，载《高等教育研究》1998年第1期。

② 张民选：《对大学生直接资助政策的国际比较》，载《高等教育研究》1992年第3期。

③ 程振红：《试论教育公平明》，载《现代教育科学》2007年第4期。

（三）以社会和谐为最高价值

教育是在政治、经济等因素给社会带来巨大不平等时实现社会平等“最伟大的工具”。①教育是政府对社会人力资本的投资，人力资本的累积则使收入分配趋于平等。②因此，国家为每个人提供公平的自我提升机会，使其积累摆脱原有困境的能力，最终显著地改善人的生存状态，减少社会性的不公平。

1. 学生资助解决贫困的代际传导

“人力资本的关键投资就是教育。”高等教育学生资助正是提升人力资本，并进一步提升社会整体资本的路径。从微观上说，教育对个人收益率的作用越来越大，那么相应的不断攀升的学费所带来的不公也越来越明显。倘若这么不公平被放任，那么最终损害的还是社会整体资本的积累。面对日益增加的教育成本和财政压力，学生资助能够疏导低收入阶层经济承受能力与教育支付压力之间的冲突，能够缓解社会公众高涨的受教育需求和政府紧缩的财政政策之间的冲突。因此，尽管学生资助并不能直接拉近社会各阶层的收入差距，但是从教育转化为人力资本的意义上说，不单在短期内能解决一部分学生上学难的困境，更能在长期内解决贫困的代际传导，使贫富差距的拉近成为可能。

2. 学生资助强化教育主体责任

学生资助的主体除了最主要的政府部门外，还包括高校、

---

① 鲍尔斯、金蒂斯：《美国：经济生活与教育改革》，上海教育出版社1990年版，第28页。

② 其主要理由是：人力资本的较快增长，将导致国民收入中源于知识、技能等因素的份额的相对上升，而源于财产等其他因素的份额的相对下降，从而一定程度上弥补因为资产、政策和歧视等因素所带来的不公平的影响，使社会各阶层收入趋于均等化，减少社会财富的分配不均。

企业以及公民，在资助关系中，任何一方主体都具有相应的教育责任，只有都履行了各自的职责，才能向着社会和谐的目标共同发力。现代政府作为公众的代表，应该对公众于教育事业的期望有所回应，并承担最终责任。从学生资助来看，建立公平有效的补贴矫正制度、完善相关法律条款和配备各种监督渠道等措施，以达到维护和实现教育公平和公共利益的政策目标。非政府部门（社会和个体）也可以在学生资助的范式中，承担部分社会责任，弥补政府在公共产品领域中的缺失部分，也就是说，政府、高校、企事业单位以及公民各方都应妥善履行相应的教育责任，在学生资助中和谐担责。

二、高等教育学生资助政策体系的特征

高等教育学生资助政策体现了政府对于社会各方利益的协调与均衡，是经济利益与政治利益的兼顾，也是“效率”与“公平”间的平衡。教育不公平现象是市场化的负面结果，也是高等教育收费制度带来的教育体制内的各方利益失衡。为回应市场“失灵”而导致的一系列社会问题，各国政府纷纷建立高等教育学生资助体系，以期从政府的社会责任本位出发加强顶层制度设计、关注市场失灵干预机制以及规范资源分配制度等，解决社会发展中的问题、维护社会弱势群体的受教育权与发展权。因此高等教育学生资助政策体系具有以下特征。

（一）体现政府的社会责任本位特征

现阶段，我国高等教育学生资助政策是国家站在全社会的关注视角，考虑整体利益，平衡经济弱势群体教育资源劣势，

保障经济困难学生教育公平而做出的顶层设计。① 政策的制定体现了社会责任本位特征。

1. 强调政府主体责任

受教育权是我国宪法规定的公民的基本社会权利，2016年的《政府工作报告》提出："发展更高质量更加公平的教育……公共教育投入要加大向中西部和边远、贫困地区倾斜力度。"政府负有以各种途径和措施来实现教育公平的责任和义务。使任何一个政治社会中的弱者，有权利享有政府的关心和尊重，是政府出于社会责任本位的职责所在。政府履行这种职责有别于社会其他主体，是从法律层面确定的主体责任。当经济弱势群体的受教育权无法确保时，当贫困学生对学费望而兴叹时，当相同禀赋的学生因不同的经济能力而不平等对待时，设计并推行一套使公民享有"平等受教育权利"学生资助政策体系，是政府履行职责和义务的体现。

2. 从中央到地方的政策安排

现行高等教育学生资助政策体现了自上而下的政策安排，从中央到地方各级政府都应履行其职责范围内的主体责任，教育公平不单单是中央政府的职责，也是地方政府维护区域社会经济协调发展的基本遵循。具体体现在：一方面，学生资助政

① 2010年10月，《中共中央关于制定国民经济和社会发展第十二个五年规划》的建议中指出，改革是加快转变经济发展方式的强大动力，必须以更大决心和勇气全面推进各领域改革。更加重视改革顶层设计和总体规划。顶层设计在中国已经成为一个新的政治名词，而且被许多行业广泛使用。顶层设计，是指运用系统论的方法，从全局的角度，对某项任务或者某个项目的各方面、各层次、各要素统筹规划，以集中有效资源，高效快捷地实现目标。

策体系确立了合理的资金分担机制。[1] 资助义务在各级政府的财政措施中有所体现；另一方面，现行学生资助政策在资助形式上形成中央与地方共同发力的良好态势，如在中央层面以国家助学贷款为主解决贫困生学费、住宿费，以国家助学金解决贫困生生活费，在地方层面以地方财政补贴的生源地贷款、入学地针对新生顺利入学的“绿色通道”、学生所在高校提供的勤工助学等措施解决贫困生入学问题。

（二）体现政府对市场失灵的干预机制特征

高等教育规模化发展，是引入市场机制实施学费改革的诱因，但学费改革推行的这十几年也产生了一系列问题。[2] 高等教育收费与经济弱势群体无力支付学费之间的紧张关系，社会中高收入阶层占用更多教育资源的优势地位，政府降低财政压力与确保公民受教育权之间的权利冲突，都是高等教育市场机制的“失灵”。一旦市场对资源配置无能为力时，政府即肩负着干预市场的职责，高等教育学生资助政策就是通过对市场机制“失灵”的合理干预，解决教育资源的分配不公，缓解贫困生的学费压力，以期保障公民高等教育受教育机会的政府干预政策体系。因此，政府在设计制度时，有着不可推卸的责

---

① 以我国资助资金分担为例：中央负担中央所属院校的国家励志奖学金和国家助学金资金；对于地方所属院校的国家励志奖学金和国家助学金资金由中央和地方按比例分担；西部地区高校和东部地区高校，根据生源结构的不同，中央和地方按照不同比例予以分担；人口较少民族家庭经济困难学生资助资金全部由中央负担。

② 联合国教科文组织在《关于高等教育的变革与发展的政策性文件（一）》中指出，高等教育的响应——实行缴纳学费的办法是高等教育中一个敏感的问题，因为它涉及社会公正与社会流动的许多问题、涉及教育平等、和整个国家的教育、社会与财政政策。

任，对既有不公的“矫正”正是法的正义价值所在。[①] 现行高等教育学生资助政策的实施正是政府试图通过干预市场的手段，矫正由于高等教育收费的制度困境及贫穷的代际传递给经济弱势群体带来的教育不公，使贫困生能够上得起学，能够享有和非贫困生一样的高等教育受教育权。

（三）具有规范教育资源分配机制的特征

高等教育学生资助对教育资源的分配理念可以用“反向歧视”的概念来解释。“反向歧视”是将优势群体作为“歧视”对象，通过将其排除在特定帮扶政策之外，在一定范围内处于相对弱势地位，而拉近与实质弱势群体的差距。鉴于政治主体的博弈和政策目标的短期倾向，优势群体具有遭遇实质不公平的可能。[②] “反向歧视”的政策把握更需要合法与合理。

1. 学生资助蕴涵教育资源分配的“反向歧视”

高等教育学生资助作为一种教育资源“反向歧视”分配的制度安排，是有其合理性的。在一定的困难标准前提下，对弱势群体的优惠性差别待遇，是对社会财富分配不公和贫穷代际传递影响的贫困学生遭遇教育不公的公权力矫正，这种政策设计避免经济困难学生受到正向歧视，其目的是对初次社会分配不均和教育资源分配不公而导致的高等教育公平偏差，政府以受教育权的差异弥补最终保障教育公平乃至社会公平。

从问题的另一面思考，高等教育学生资助政策又是否构成对非贫困生的歧视呢，也就是“反向歧视”中的正向歧视是

---

① 宋务玺：《公民权视阈下的高校贫困生受教育权问题与社会团结》，载《现代教育管理》2012 年第 12 期。

② 王传发：《我国少数民族优惠性差别待遇与反向歧视分析》，载《广西民族研究》2011 年第 4 期。

否合理，应否被规制？“在针对某些特定的目标时，一个能使社会整体情况变好的政策，并不因为它带给多数人的不利地位而被认为是不合理的。”①因此，作为教育资源的一个组成部分，学生资助从“反向歧视”的角度进行制度设计是具有合理性的，是从社会整体利益实现的目标出发的。但是“反向歧视”的适用应该注意“某些情况下”的选择，也就是说其适用的范围、标准和力度应是投放于令“社会整体变好”的目标上，才能确保其适用的合理性。

2. “反向歧视”的把握

政策中“反向歧视”的合理性在于通过建立一个“不公平”的社会保障或社会福利机制以实现社会平等。② 而政策的准确性应该体现在这种“不公平”的区别待遇是否对多数人造成了实质不平等，也就是说对弱势群体的补偿性措施是否合理。优惠性待遇为内容的政策应该要对所采用的积极措施有所警惕，无限制的使用有可能会产生其他的负面效应。③

因此，投射在高等教育学生资助政策的设计上，采用了几项限制措施：首先，以经济收入为标准来明确特殊保护对

---

① 参见罗纳德·德沃金：《认真对待权利》，信春鹰、吴玉章译，中国大百科全书出版社 2002 年版，第 306 页。

② 洪朝晖：《论中国城市社会权利的贫困》，载《江苏社会科学》2003 年第 2 期。

③ 比如在社会福利领域，以“反向歧视”为初衷的福利制度受到了越来越多的担忧，国家提供的福利救济越多，发生道德公害和欺诈的可能性就越大。从事福利研究的经济学家阿瑟·林贝克（Assar Lindbeck）指出，道德公害从长期而论会比短期更甚。这是因为时间一长社会习惯就形成了，人们又以此去界定什么是“正常的”。这样，对福利救济的严重依赖就不再被认为是依赖，而变成了“预料中的”行为。参见于［英］安东尼·吉登斯：《第三条道路：社会民主主义的复兴》，郑戈译，北京大学出版社 2000 年版，第 119 期。

象的资格。在高等教育财政资源极为紧张的前提下，政策对象的选择应极为严谨，应使政策准确地覆盖到应该享受“福利”的对象；其次，以多元化资助形式针对各个少数群体的特殊属性而有所区别待遇。大多数高等教育学生资助制度都采用了复合的、多元的制度安排，兼具有偿与无偿、补贴与贷款等相结合的模式。最后，以资助标准的限定确保政策的相当性，即弱势群体所受的优惠待遇或经济补贴与其自身现有境况相符，使得政策不影响社会整体公平。学生资助制度往往具体规定资助的比例、金额、档次等，使得差别待遇也有理、有利、有节。①

第三节　法治经济的内在要求——从政策走向法律

随着市场经济的发展，传统的政府职能和财政能力都面临着强烈的冲击，政府公共服务中高等教育的投入如何确保？随着市场机制的引入，发展机遇和社会公平问题同时存在，高等教育学生资助如何实现合理配置有限教育资源、维护教育公平、追求社会整体利益的政策目标，一系列的尖锐问题促使政府在财政领域进行艰难的改革。而在本章的假设命题中，需要

① 米尔恩的比例平等原则在解决这个问题上有其合理的内核。他提出比例平等要求，在进行分配时，同等的情况必须被同等地对待，不同等的情况必须按照不同等的程度被不同等地对待。因此，那些需求较大的人应该得到较多，较强壮的人应该承受较重的负担，这是公平的。随之而来的是，当现存的分配不公平时，重新分配就被证明为正当。参见于［英］A. J. M. 米尔恩：《人的权利与人的多样性——人权哲学》，夏勇、张志铭译，中国大百科全书出版社 1995 年版，第 60 页。

进一步论证高等教育学生资助政策目标与财政法相关基本遵循相融合的可能性和有效性，以期为高等教育学生资助法律的完善奠定法理基础。

一、法律是治理社会经济的理想机制

在商品化程度逐步提升的市场经济环境下，基于市场活动与社会自我保护的“双向运动”①，“二元配置”模式发挥着重要功用，即市场和政府分别或者合作在私人物品和公共物品提供上成为关系紧密的两个整体资源配置的子系统，在不涉及公共物品、公共利益的领域，应保障市场的充分自由，反之应重视政府的规制实行。当前国家处于重视法治的时代背景，市场和政府应作为现代市场机制内的两方主体，无孰轻重，但在不同的情况下发挥不同的功用，然而功用的发挥需要在法治理念的框架内，因此对于学生资助而言从政策走向法律是当前高等教育经济发展的内在要求。

（一）法治思想向经济生活渗透

学生资助政策需要在法治理念的框架内实行。亚里士多德对政治国家的设计形成了“法治应当优于一人之治”的观点②，“任何真实的政体必须以通则即法律为基础”，现代法治

---

① 波兰尼（Karl Polanyi）提出著名的“双向运动”理论，他强调：在一切都商品化的市场经济里，经济活动在社会关系中居于决定性地位，形成了经济自由主义的运动；而与此相对应，为了防止市场机制给社会带来的侵害，还存在反向的社会自我保护运动，并因而需要政府对市场经济进行干预。参见［英］波兰尼：《大转型：我们时代的政治与经济起源》，冯刚、刘阳译，浙江人民出版社 2007 年版，第 136、114、164 页。

② ［古希腊］亚里士多德：《政治学》，吴寿彭译，商务印书馆 1965 年版。

的基本理念是指法居于国家和社会的统治地位。在市场经济的总体框架下，法治社会独立于国家，法治利益高于政治利益，法律应该处于各个治理手段的统治地位。[①] 在法治社会中，政府是公众意志的“代言人”，肩负着经济调节的历史使命。政府角色由“政治政府”向“社会性政府”演化，更加关注体现民众意志的社会利益。[②] 在市场经济领域，政府的主要任务是解决和协调市场无法有效配置资源等市场失灵问题。在很长的历史时期里，政府行使着没有法律依据的权力直接对经济生活加以控制，权力如“脱缰的野马”一般，没有法律控制的政府权力既无法实现资源配置最佳效率，更是对市场的伤害。因此，法律是现代文明社会的最高调整体系，是兼以解决“市场失灵”和“政府失灵”负效用的社会调控方式，是满足经济发展内在需要的理想机制。因此，学生资助相关政策应该尽快上升到法律制度的设计，一方面赋予政府调节市场机制不足的权力，弥补市场固有缺陷，另一方面界定政府权力范围，规范权力行使手段，加强监督问责机制，避免政府失灵。

（二）从权力干预到法律治理

学生资助这一政府干预市场经济的政策手段最终应该经由法律形式体现。从规范性来说，国家对经济的调节可以通过任何手段，但法治主义原则要求任何手段都应该在法律的规制下进行，也就是说法律手段应该是最高层次的手段；从稳定性来说，“人治”社会最常使用的行政手段因其易受多

---

① 刘旺洪：《国家与社会：权力控制的法理学思考》，载《法律科学》1998 年第 6 期。

② 漆多俊：《经济法基础理论》（第 3 版），武汉大学出版社 2000 年版，第 153 页。

种因素影响，而容易出现政府权力的滥用和市场干预的负效应；从社会性来说，经济调节目标在于实现社会整体利益，这就要求政府在行使权力时足够谨慎，尽到充分注意“善良管理”义务，从法律规范上明确，社会利益应该高于政治利益；从职责性来说，只有法律手段能通过国家强制力确保相关职责的履行，以及追究失责后的法律责任，政府从宏观和微观上均得以行使对市场的调控和规制，权力之大关系国计民生，影响社会全局，如果缺失责任的归咎没有法律责任的承担，政府的“慎行”将难以确保。因此，政府干预市场必须采用符合法律形式的各种手段，这是成熟市场经济的需要，也是法治经济的需要。①

此外，在学生资助过程中，政府权力的界限应当由法律进行规制。本质上，经济法既是政府干预市场的赋权之法，也是规制之法。“政府”于经济法的价值实现仅仅是手段而非调整的目标。在经济法范畴内，政府的任务是“将经济法规范贯彻落实到社会实践中”。② 因此法律在赋予政府完成任务所需要的权力同时，也规制了政府解决问题的界限，政府的行政之手不可能伸向社会的各个角落，“过界”的干预会使市场的运行适得其反，学生资助同样也需要明确政府在教育市场中的行为界限，避免政府以维护“社会公平”之名行“侵扰市场”之实。

二、高等教育学生资助政策与财政法的共通

为什么几乎所有政府都大力推行高等教育学生资助政策？

---

① 刘隆亨、章峥：《宏观调控中的人治与法治》，载《法学》1995年第10期。

② 邱本：《经济法总论》，法律出版社2007年版，第45页。

作为国家发展高等教育的一项重要财政政策，可以从财政法的基本遵循角度来进行分析，将其法的价值、功能、目标与高等教育学生资助政策目标两者分析比较，可以发现，作为高等教育规模化发展中的一项重要财政政策，学生资助在设计初衷、最终目标、方式手段以及对公权力的界限关注方面，都与财政法有着共通之处。

（一）共同追求社会公平目标

在市场经济条件下，市场追求效率，政府促进、保障社会公平。缺乏对分配不公的矫正机制是市场最大的局限，而且价值规律的有效运行在推动竞争的同时将扩大分配不公的既有状态。[①] 因此，必须借助政府的调节机制，以实现公平分配的目标。财政法赋予政府财政职能，使其通过平衡协调的方式促进社会公平。以经济手段矫正不合理的财富分配，以期实现社会成员公平分享经济增长的成果。

同样对于高等教育学生资助而言，通过行为分析，可以描绘其在高等教育规模化发展中的角色扮演，尤其是对市场机制引发的教育不公问题的应对。在高等教育学费制度变革背景下，教育市场化和教育公共性发生冲突，社会各个阶层在教育利益乃至社会利益的矛盾中呼唤有效的规则来缓和。学生资助就是最合适的机制，它在教育资源合理有效配置，矫正教育市场既有的“不公”问题方面不断设计与改革，以期实现社会整体利益。从方式上看，学生资助也是通过财政协调的方式，将教育资源在各地区、各民族，各层次的社会群体中合理分

---

① 参见于保罗·A. 萨缪尔森、威廉·D. 诺德豪斯：《经济学（下）》，高鸿业译，中国发展出版社 1992 年版，第 173—174 页。

布、公平配置。① 通过政策引导的方式，使人力资源合理的分配和流动，达到共同追求社会公平的目标。②

（二）共同体现社会责任本位

法律部门所秉持的维护社会利益的基本立场是该法律部门的本位思想。③ 经济法所讲的社会责任，首先是一种角色责任，但也不排除消极责任。④ 主流观点认为，经济法体系以社会责任为本位，它所维护的是集体性利益、群体性利益和整体性利益，这与以个人权利为本位的民法和政府权力为本位的行政法有着本质不同。经济法体系以维护广大消费者权益为出发点，关注社会整体利益和国家根本利益，并以人类可持续发展利益为最终目标，这无一不体现其鲜明的本质特色，⑤ 财政法也不例外。

同样对于高等教育学生资助而言，其解决的核心就是公民受教育权的保障，受教育权是公民的一项社会权利，公民要求

---

① 比如从资助资金分担来看，中央负担中央所属院校的国家励志奖学金和国家助学金资金；对于地方所属院校的国家励志奖学金和国家助学金资金由中央和地方按比例分担；西部地区高校和东部地区高校，根据生源结构的不同，中央和地方按照不同比例予以分担；人口较少民族家庭经济困难学生资助资金全部由中央负担。

② 资助政策对农、林、水、地、矿、油、核等专业的倾斜，扶植了国家所需要的相关专业，优化了学科专业结构。实行国家助学贷款代偿政策，对于毕业后到艰苦地区和艰苦行业工作的高校毕业生，在校期间的贷款由国家代为偿还，这样起到了引导高校毕业生到艰苦地区基层单位就业的作用，促进了人才资源的合理分配和流动。

③ 李昌麒：《经济法学》，中国政法大学出版社 1999 年版，第 82 页。

④ 参见史际春、邓峰：《经济法总论》，法律出版社 1998 年版，第 170—171 页。

⑤ 参见徐孟洲：《经济法的理念和价值范畴探讨》，载《社会科学》2011 年 1 期。

国家保障这些基本权利。可见，国家负有保障公民实现其社会权利的责任和义务。就学生资助政策的顶层决定性[①]和自上而下的设计安排而言，其对社会权利的保障也体现着社会责任本位的理念。

（三）共同将“以人为本”作为核心理念

“以人为本”是经济法体系的内在价值，也是核心理念，从制度设计就是以“人”，即消费者为核心，不仅仅考虑社会利益，更高度重视广大消费者、经营者的利益，注重通过达成共识来解决冲突，尊重人的需求和个性等。[②] 在经济管理过程中，政府“十一五”期间要求公共财政活动中要充分体现以人为本的理念，要改变经济弱势群体的贫困现状，为其提供自身改善和提升的条件，这既是公共财政的目标，更是构建和谐社会的要求。以人为本也是现代法治的一个普遍理念，对财政法而言，其法律内容必然体现时代的特点。

同样对于高等教育学生资助而言，正是高等教育的市场化，尤其是学费制度的推行确定了学生（消费者）的市场主体地位，针对市场失灵而引发的教育不公现象，学生资助可以体现为政府将财政经费作为学费价格的补贴，也可以体现对消费者经济能力的直接提升，是一种人力资本的投入方式，而无

---

① 贯彻党的十六大精神，切实解决家庭经济困难学生的就学问题，2007 年国务院（国发〔2007〕13 号），就建立健全家庭经济困难学生资助政策体系的重大意义、主要目标、基本原则、主要内容和工作要求向各省、自治区、直辖市人民政府、国务院各部委、各直属机构作出了指示和要求。新资助政策体系的建立是自上而下展开的，核心理念、目标及要求都源自顶层，充分体现了政策的顶层决定性。

② 王全兴：《经济法基础理论专题研究》，中国检察出版社 2002 年版，第 227 页。

论如何，学生资助是国家财政秉持“以人为本”的理念对高等教育消费者的保护，使消费者向“理性人”标准靠拢，在物质上和精神上满足教育活动的需求，并在政府为其创造的平等环境下实现自身人力资本的提高。

（四）共同致力于实现资源配置效率的最大化

即使在福利国家，政府也无法支付高等教育发展的所有经费，在成本不可控的情况下，应该思考的是资源分配的合理有效。[①] 所以在市场经济条件下，需要由外部机制介入经济生活，引导经济生活向完全竞争方向行进。“为了实现效用最大化，就必须对资源的配置与利用进行优化，我们称之为优化资源配置，即资源在生产和再生产各个环节上的合理和有效的流动和配备。”[②] 从法学角度看，市场外部性的存在导致资源配置失灵，并进而产生新的不平等，犹如“马太效应”一般。只有理想的完全竞争的市场才能实现资源的最优配置或达到均衡。[③] 财政法就是政府宏观调控社会经济，在市场无法有效分配资源时，赋予政府参与经济运行的权力，是实现市场资源配置效率最大化的制度保障。

公共资金的短缺使得政府不得不在提高高等教育财政效率上下工夫，高等教育学生资助具有的财政政策属性使其同样关注教育资源的配置效率。高等教育资源的供不应求本身要求有限的资源发挥最大化的效用，也就是教育资源投入人力资本的

---

① 约翰·布鲁贝克：《高等教育哲学》，王承绪等译，浙江教育出版社 2001 年版，第 69 页。

② 李昌麒主编：《经济法学》，法律出版社 2007 年版，第 76 页。

③ 刘笑平、雷定安：《论外部性理论的内涵及意义》，载《西北师大学报》（社会科学版）2002 年第 3 期。

产出最大化，如果更适合的受教育对象缘于经济原因等无法享受到教育资源，那么对于这部分资源来说，它的配置就未能达到最优。高等教育学生资助实质上是通过政府行政手段对社会财富的再分配，也是教育资源的政府调控，其同样遵循效率原则，并以学生资助配置的教育资源为媒介，促进社会各项资源都得到最佳地使用。

第五章　比较研究：中美高等教育学生资助法律制度

在高等教育市场化发展的几十年间，几乎所有国家的高等教育学生资助都随之发展和变革，其中，美国的多元化资助体系具有鲜明的代表性，其通过制定一系列成文法规范来维护教育公平的需求，承担政府对社会发展的主体责任。因此，对美国高等教育学生资助法律制度进行述评的目的，是为了树立一个比较的范本，归纳其利用学生资助法律制度实现政府干预经济生活并最终实现社会财富分配公平的内在逻辑，以期对中国现有的制度进行对照研究，发现本国高等教育学生资助法律的完善路径，实现教育机会公平和教育资源的有效配置。

第一节　美国高等教育学生资助法律制度

一、美国高等教育学生资助法律制度的时间轴

1944 年，联邦政府依据《退伍军人权利法案》被授权将高等教育费用直接用于退伍军人的教育补贴，成为美国高等教育发展史上国家首次对学生展开资助的标志。① 该法案为美国

① Cerbantes，Angelica et al. *Opening the Doors to Higher Education*：*Perspectives on the Higher Education Act* 40 *Years Later*. http：//www. tgslc. org/pdf/HEA_ History. pdf，2016 -6 -3.

战后人力资本储备奠定了重要基础，虽然这一面向特殊对象的暂时性补偿不具有持续性和普惠性，但是它对美国高等教育学生资助政策的形成影响长远。

1958 年，《国防教育法》在冷战背景影响下颁布。鉴于美国高等教育委员会提出的“让高等教育像中小学教育一般，使受众能够拥有平等的教育机会，而使社会整体利益提升”想法，收入过低家庭的子女成为学生资助帮扶的对象，明确了学生资助对于家庭情况评估的要求，该法案将国家安全与教育连接在一起。①“国防奖学金”取代助学金方式，和“国防学生贷款计划”一起体现了在美国军事力量增加需求下，对社会人力资本的重视。法案将资助方向从特殊身份对象转变为特定经济群体，扩大了国家对教育的资助。

1965 年，《高等教育法》颁布，美国政府的教育角色和目标重新被确立。约翰·加德纳带领的政府教育工作组，用数据论证了家庭经济情况与高等教育入学选择之间的关联，并表现了美国社会当时因教育机会不平等带来的巨大人力资源浪费，这也使政府早期于学生资助的不力备受诟病。因此法案确立联邦政府向贫困家庭子女支付补助，以弥补他们在教育机会上受到的不公待遇。② 该法案确立了美国学生资助将学生家庭经济情况作为重要评估标准的原则，并对资助方式和标准进行基本的界定，它是美国学生资助发展历史上的里程碑，所确立的

---

① Lingenfelter, Paul E. and Lenth, Charles S. (2005). *What Should Reauthorization Be About? Change: The Magazine of Higher Learning*. Vol. 37 (3), p. 12, 17.

② Mercer, Charmaine et al.. *Higher Education Act Reauthorization: A Comparison of Current Law and S.* 1642. http: //usinfo. state. gov/infousa/education/overview/docs/hiedact. pdf. 2016 -6 -3.

"资助包"等工作理念构建了美国多元化学生资助体系的框架。①

此后，经国会授权，《高等教育法》屡经修订。其中重要的有1968年、1972年、1976年、1978年、1980年和1986年六次。这些修订正是美国高等教育处于高速发展的黄金时期，也是市场机制被逐步引入的时期，学生资助法律制度在顺应时代发展的情况下，不断完善自身的内容。

1968年修正案主要针对助学贷款项目进行，从程序简化、担保增加、引入私人金融机构等方面进行完善，② 它提高贷款利率，设定最低还款额，并打破学生贷款的州际限制，允许所有符合条件的学生在各州均有资格申请，由于时间较近，该法案并未大规模修正《高等教育法》，只是更为巩固了学生资助的地位。

1972年修正案的阶段性意义体现在两个方面：一是"基本教育机会助学金"的推出，根据卡内基高等教育委员会提供的报告数据，即使有政府资助，低收入家庭仍难选择进入大学，将资助资金经由高校的选择发放给学生是造成这种现象的原因之一，因此，评估主体由高校转变为联邦政府，评估标准由高校自行确定转变为国内统一，扁平化的资助模式使低收入家庭学生的受助标准形成统一，这样的改进有助于

---

① 如1963年颁布的《卫生专业教育资助法》为医学卫生专业学生提供奖学金，1964年颁布的《经济机会法》明确了资助高等学校贫困学生的勤工助学项目，使得贫困学生能够通过半工半读赚取报酬等。在这些法规政策下设立的奖学金、助学金和助学贷款，不仅共同构筑了当时的高等教育资助体系，帮助学习成绩优秀但经济困难的学生顺利完成大学学业，而且已经开始根据学生的不同需求对其提供不同的资助。

② Robert Cleary. *Federal Higher Education Policy*: *A View from the Campus*. Policy Studies, Vol. 10, Issue. 1, Autumn 1981, pp. 85 – 93.

资助的总体公平，同时学生拿到手的资助经费提高学生选择高校的能力，“用脚投票”将增加高校间的竞争，以此促进教育资源的使用效率。①二是州助学金的普及，联邦政府通过提供配套资金的方式引导或迫使州政府设立符合本州学生培养特色的激励资助方式，使州政府为获得更多的联邦财政支持而互相竞争，增加了学生资助资金的来源渠道，也符合高等教育分权管理模式的发展。这次修正为贫困学生与富裕学生的经济差距提供了缩小的可能性，至少在支付教育费用的方面如此，从而使实现教育公平的理念融入高等教育学生资助法案内容之中。

1976 年修正案仅作微调。它进一步鼓励州政府参与贷款担保，减轻联邦财政压力，同时逐步开启对经济情况较好学生的资助，扩大学生资助群体的惠及面，最后它还根据经济发展情况提高助学金的标准和贷款的限额。②

1978 年修正案是以解决世界经济危机发生的背景下，中产阶级家庭对于高等教育机会获得的恐慌为主导的，他们要求政府提供更加慷慨的财政资助，③ 为了避免“反向歧视”理论预测下的实质不公平问题发生，国会通过了《中等收入学生资助法案》，将佩尔助学金的覆盖范围扩大到中等及以上收入家庭，并取消对“国家担保贷学金”的贴息限制，助

① Florio, David H. (1980). *The Education Amendments of* 1980: *National Institute of Education and Higher Education Act Reauthorization*. Educational Researcher. Vol. 9 (10), p. 21, 27.

② Tweet. *Federal Funds for Higher Education – History*, *Federal Support for Students*, *Federal Support for Research*. http: //education. stateuniversity. com/pages/1988/Federal – Funds – Higher – Education. html. 2011 –7 –10.

③ 张民选：《理想与抉择：大学生资助政策的国际比较》，人民教育出版社 1999 年版，第 275 页。

学贷款的适用对象几乎已经是全部学生。① 该次修正尽管大规模扩大了受助群体，提升了资助总额，但却使联邦政府背上了更为巨大的财政压力，而且资助方式从助学金向贷款转变，从低收入家庭向中高收入家庭转变，使得法案的公允性备受质疑，助学贷款和助学金两类政策所代表的利益诉求方关系变得紧张。②

1980 年与 1986 年两次修订都是在市场力量被强调的美国国内高等教育规模化发展过程中进行的，学费普遍上涨，民众对学生资助的需求随之增加，而经济学逻辑却对学生资助取向产生了影响，市场机制被用于更多的资助分配，奠定了助学贷款制度在学生资助中的主导地位。1980 年修正案以帕金斯贷款强化了贷款力度，1986 年修正案却要面对助学贷款商业化发展下产生的一系列问题，比如居高不下的违约率、毕业生数年无法摆脱的经济困扰等，公众要求对学生资助进行彻底的改革。③“本科生家长贷款项目”扩大了贷款的偿付主体，既符合教育收益与成本分担相匹配的理论依据，也解决了一部分助学贷款所面临的弊端。重新恢复贷款贴息的限制与 8 年前的修正案内容相悖，显然，政治立场和经济状况影响了立法导向。对中产阶级贷款的放开以及对整个助学贷款项目的青睐，在很大程度上影响了助学金的财政比例，低收入家庭的学生从助学金这一无偿资助获得的教育“购买力”不断下降，进而也更

---

① Higher Education Opportunity Act, H. R. (2008)

② Michael Mumper. *Removing College Price Barriers; What Government has Done and Why it hasn't Worked*. New York: State University of New York Press, 1996, p. 89.

③ Leslie Mail 1 and Werner. *Senate Extends Law Providing Student Loans*. New York Times, Jun 4 1986, p. Al.

多地加入申领贷款的行列，然而助学贷款的负面结果并没有因为法案的颁布而有所改善。

1993 年的《学生贷款改革法案》是对贷款性质的重大改革，助学贷款从政府担保贷款转变为金融机构直接发放贷款。在同年克林顿政府推行的国家服务计划中，《国家与社区服务信托法》大力推行国民服务方案，并依此设立联邦政府高等教育资助项目。① 由于预算的来源不囿于原有的学生资助资金项目，因此可以从整体上带动学生资助力量的提升，而且所有公民都可以增加的普惠性使得人力资本投资渠道拓宽，巩固教育提升个人能力并使得教育收费更为可能。②但是它所提供的名额仍然只占资助总体的一小部分，相比于传统的助学金和助学贷款而言，发挥的作用仍然式微。同在克林顿执政时期内，1997 年的《纳税人救助法》和《平衡预算法》是共和党人经历数次政策斗争后赢得的胜利，政府终于开始通过课税扣除方案来解决贫困学生入学的问题。③ 对中下阶层家庭学生来说将在还贷期间减免一定的纳税金额，这种来源于税收优惠的变相补贴，

① The Higher Education Amendments of 1998：Five Victories for the Clinton – Gore Administration. http：//govinfo. library. unt. edu/npr/library/news/100798. html，2016 – 6 – 3.

② 该方案的具体实施办法为：所有公民均可自愿申请参加国民服务队；该方案的服务领域为社区的教育、环境、保健和公共安全等方面。大学生每年保证 1700 小时的“国民服务”时间，即可获得 4725 美元的报酬和至少 7400 美元的生活补贴，大学生可以在学期入学前、课余时间或假期中完成这 1700 个工作小时，每名大学生最多申请 2 年参加国民服务队，国民服务方案的报酬可以现金支付，也可以用于抵消贷款。

③ Stephen Burd，Colleen Cordes，and Karla Haworth. *Clinton's Plans for Education and Research Face Republicans' scrutiny in Congres.* Chronicle of Higher Educat ion，Vol. 43，Issue 12，Nov 15 1996，p. A38.

开拓了高等教育学生资助的崭新的财政手段。①

2010年奥巴马政府主导改革的《卫生保健和教育协调法》颁布，改革的亮点在于助学贷款的提供机制发生了彻底变革。上世纪末开始，金融机构大量参与助学贷款的提供，被认为是贷款资金的资本市场开拓，而此次法案确定私人金融机构将不能发放联邦家庭教育贷款，可以认为这是继《学生贷款改革法案》之后，政府力量胜于市场力量的一次角逐。法案收回联邦政府向上述贷款项目继续拨款的权力，终止相关保险和贴息等，该项改革使超过六百亿美元财政资金重新被投入助学金领域。② 该法案是对市场机制参与学生资助方式的一次重新考量，并不是否认市场机制的作用，而是重新界定市场与政府的关系，它是在助学贷款有效运作时选择市场或政府中成本更低者的法律手段。

这些与高等教育学生资助相关的法律法规起到了两个作用：一是通过法律赋权的形式，授予政府资助高等教育的权力，并从法律层面强调政府的社会责任和权力边界；二是它们为高等教育各项资源的配置、使用、运作建立了标准清晰、程

① 依照《平衡预算法》，联邦政府开始设立“希望奖学金”，该奖学金每年可以提供1500美元的税收减免，用来资助低收入贫困家庭负担子女在大学头两年的各种费用，税收减免所需的资金直接从联邦财政预算中削减。对于各个高校的高年级学生和研究生，新设立“终生学习税收减免”政策，并规定这些学生的家庭，将在每年为子女高等教育各种费用支付第一个5000美元时，享受20%的课税减免。开始施行“高等教育费用免税”方案，贫困学生的父母和爷爷奶奶从1998年1月开始，可以任意从个人退休账户提款支付其高等教育费用，也可以新开的用于高等教育的个人退休账户，并允许他们每年免税为每个孩子存入500美元作为其高等教育经费。

② The Health Care and Education Reconciliation Act，Sec. 2201，2202，2204，2208.

序规范的规则框架，既有利于金融机构更积极地参与到学生资助资本领域，活跃资本市场在教育领域的作用，也有助于发动社会各界进行捐助，为学生资助资金来源的多元化奠定制度基础；三是它们界定了资助主体责任担任种类与担任方式，既为各资助主体的风险规避提供法律保障，又对他们的“失职”行为作出惩罚。四是以法律引导高等教育学生资助的价值选择、发展方向，使其朝着维护教育公平，改善社会财富分配差距的目标前进。

二、美国高等教育学生资助法律制度的特点

从20世纪40年代开始，美国各届政府都致力于高等教育提升国家人力储备的目标，并将学生资助作为一项重要的配套措施持续运作下来。当国家经历了经济的腾飞也遭遇过大萧条的滞胀，财政状况和政治立场不断影响学生资助的具体内容和方式，但是总体而言美国高等教育的学生资助一直朝着规范化、系统化、多元化变革，形成了权威性、系统性、精确性、优越性、调控性等特点，这些都得益于美国国会推动制定的众多法案，而且基于立法程序的法系特点，法律的修正在顺应社会经济发展方面更为积极主动。从根本上说，是美国高等教育学生资助法律制度的完善促进了该项事业的进步。

（一）强调制度的权威性

从法律的权威性来看，美国高等教育学生资助的根本性法律制度基本上都是经由国会通过的法案。美国国会通过了从基

本法到具体法①，从授权性法案到操作性法案②等众多资助法案，从规范内容上，国会立法涵盖了资金来源、财政责任、资助对象、资助方式、资助标准、受助责任等各个方面，高位阶的法律法规出台，从法治层面确保了更高的强制力和更有效的法律引导效用。

（二）强调制度的系统性

在过去的几十年时间里，美国高等教育学生资助的对象从特殊身份个体向特定经济群体再向全体中等以上程度学生转变，资助方式从单一的助学金向助贷结合再向以助学贷款为主体的多元化资助体系完善，资助资金来源也从完全依靠联邦财政向州财政和社会各种捐助渠道拓展，从单一到系统，体现了学生资助法律制度从设计理念到设计内容的系统性。此外，美国高等教育学生资助法律体系从联邦、州以及高校三个方面划分，联邦政府和州政府在分权管理的基础上，由联邦政府主导负责全美教育利益相关的资助措施，目标是国家人力资本和社会利益的实现；州政府则在自身行政区域内受联邦法律的引导，发展本地教育经济，为其提供有力的地方财政支持。各高校则形成一套具有自己特色的资助规章

① 前者如奠定美国学生资助制度的基本法《高等教育法》；后者如《莫里尔法案》《国防教育法》《中等收入学生助学法》等涉及具体资助模式的法案。

② 前者如《高等教育法修正案》授权联邦政府实施了“基本教育机会助学金”和“佩尔助学金”计划，为低收入家庭学生接受高等教育提供经济资助；后者如国会“FAP”方案对高等教育资助个体需求量计算的方法。

制度①，通过制定特色化的规章制度，为学生的学习生活提供基础保障。

（三）关注制度的精确性

与我国资助额度基本统一不同的是，美国高等教育学生资助的额度并不是法定数额，而是法定计算公式。受助金额根据每个人学费支出、生活成本和家庭经济情况等因子通过公式计算出的受助需求而定，在结果上产生因人而异的相异性。这种套用方式是通过立法确定下来的，即联邦“FAP”法案②。此外，该法案的执行还配套了联邦《国内收入法典》规范的税收运行体系，通过纳税系统，资助管理机构可以获得更为可信的个人及家庭收入情况，并了解其真实的教育购买能力，这样就可以保证计算因子的准确度，使计算结果即资助需求量更为可信。美国相关法律对于资助精确程度的价值追求实质上是对“纳税人”财富的尊重，在民主社会中，政府的财政使用更需要严谨的程序和结果的精确。细致的设计内容确保学生获助金额符合家庭实际情况，既避免“利益投机者”钻制度空子，或因行政监管不力造成个体的过量资助，也有助于资助管理机构或高校发现实际困难却因

① 如普林斯顿大学校内的资助政策即规定了占资助总额90%赠予性资助，取消贷款制度。

② 美国联邦教育部对于“资助包FAP”的解释是：把能提供给学生的全部资助，即所有联邦政府的、非政府组织的各种资助，如奖学金、助学贷款、勤工助学混合成一个“包”以便其相互协作，共同解决贫困学生的教育问题。“FAP”的核心价值理念就是，通过规范、合理的配置，使每个学生都能获得与其高等教育需求相适应的资助。就其特征来看，FAP是一种将学生需要负担、成本各不相同的资助项目组合在一起的制度安排，组合的原则是将总成本（或总负担）不相同的资助项目组合按阶梯排列，并按被资助者经济需要和经济承受力的大小与之相匹配。

特殊原因申请不足的学生，以提供及时有效的帮助，因此，从社会资源的使用效率来看，法律法规的精确性有助于资源均衡分配。

（四）确保制度的优越性

联邦“FAP”法案从法律层面确保了学生资助制度优越性，具体体现在：首先，它将有限的资源用在了更需要的学生身上，是在高等教育普及更多公众的态势下“更上一层楼”的追求，即教育公平目标实现；其次，法案奉行了“成本分担”理念，顺应高等教育市场化发展趋势，减轻福利政府财政压力，并协调学生资助与高等教育市场发展方向一致；① 再次，该制度从一定程度上克服了“反向歧视”的弊端②，事实上以不同成本承担为前提，向全体收入阶层的家庭敞开，扩大了各个阶层在教育选择上的实质公平。

（五）体现制度对市场经济的调控性

基于学生资助在高等教育市场的经济效用，美国法律在内容上体现了资助制度在维护教育公平前提下，对教育经济的调控性。比如美国《高等教育法修正案》赋予中等收入以上家

---

① 美国政府对奖助学金与助学贷款的比例大幅度调整，助学金的比例由1975年的75%下降到80年代末的40%以下，而助学贷款的比例则从20%上升到80%，因此，即使再贫困的学生所获资助也不能全部是无偿的助学金，而必须配以一定比例的助学贷款或勤工助学项目。

② 在美国高等教育发展进入普及化阶段后，美国政府提出了以“扩大自由选择”为名的指导思想，这种思想认为，无偿的高等教育资助在扩大高等教育机会均等上的作用同样是边际性的，也遵循边际效益递减这一经济规律。因此，中等收入阶层家庭的学生，也应该享受有权获得联邦资助的权利。

庭子女也有权享受高等教育资助的权利，明确任何收入阶层的家庭子女均有权享受联邦助学贷款，合理调控了教育资源在各个收入群体中的分配，同时提高了资源配置的效率。又如，《平衡预算法》确定政府财政补贴规模和补贴途径，《国家与社区服务信托法》推行国民服务方案，都是以法律形式调控国家财政的流向，是对教育资源的总体提升。

第二节　中国高等教育学生资助法律制度现状

一、宪法提供根本法依据

《中华人民共和国宪法》（以下简称宪法）以国家根本大法的形式为教育公平、家庭经济困难学生受教育、受资助确立了上位法依据。具体可见：

宪法第十九条规定了国家对教育发展的社会责任以及对人力资助投入的财政责任，奠定了教育在我国社会经济发展中的重要地位，同时也为高等教育的长期发展确立了法律依据，作为高等教育的重要组成部分，学生资助当然也应该在政府责任承担中有一席之地。①

宪法第三十三条是中国公民在社会权利享有方面的最根本法律依据，体现了中国法律的阶级属性和民主社会的本

① 《中华人民共和国宪法》第十九条内容："国家发展社会主义的教育事业，提高全国人民的科学文化水平。国家举办各种学校，普及初等义务教育，发展中等教育、职业教育和高等教育，并且发展学前教育。国家发展各种教育设施，扫除文盲，对工人、农民、国家工作人员和其他劳动者进行政治、文化、科学、技术、业务的教育，鼓励自学成才。国家鼓励集体经济组织、国家企业事业组织和其他社会力量依照法律规定举办各种教育事业。国家推广全国通用的普通话。"

质，赋予公民平等的人权以及法律规定的其他权利，这是确保公民平等享有高等教育机会更为直接的法律参照，正是根据这一法条，学生资助的目标被确定为实现教育机会平等和教育过程公平，学生资助的绩效评估也围绕着是否实现教育公平进行。①

第四十六条则从公民自身的角度出发，明确受教育的权利与义务。受教育的权利属性，令公民无论处于何种弱势地位时，都有资格要求政府维护其平等获得教育机会，政府必须为经济困难学生提供资助；受教育的义务属性，要求公民在能力允许的前提下，完成受教育过程，达到个体人力资本的最大化，这也决定了在学生资助方面，申领者应对提供信息的真实性作出承诺，而且受助者也应该对所获得的资助资金效益的最大化作出足够的努力。②

二、教育领域部门法依据

1999 年《中华人民共和国高等教育法》（以下简称高等教育法）开始实行，该法作为高校教育的基本法，是在中国高等教育学费改革和整体扩招的背景下出台的，既体现了法律对教育经济变革的适应，也是法律对公民受教育权的一如既往地保护。其第九条在国家宪法、教育法的框架下，进一步规定公民接受高等教育的权利，并且明确应该建立保障这一权利的措

---

① 《中华人民共和国宪法》第三十三条内容："凡具有中华人民共和国国籍的人都是中华人民共和国公民。中华人民共和国公民在法律面前一律平等。国家尊重和保障人权。任何公民享有宪法和法律规定的权利，同时必须履行宪法和法律规定的义务。"

② 《中华人民共和国宪法》第四十六条规定："中华人民共和国公民有受教育的权利和义务。国家培养青年、少年、儿童在品德、智力、体质等方面全面发展。"

施机制，对经济困难学生给予足够的经济补贴和人文关怀，法条再次确认了中华人民共和国公民有受教育的权利和义务，也明确了国家帮扶家庭经济困难学生接受高等教育的义务。① 第四十二条明确受教育者权利的内容包括“奖学金、贷学金、助学金”三种形式。② 第五十四条赋予家庭经济困难学生申请补助、学费减免的权利，为高校困难补助、学费减免制度的设立提供了法律依据。③ 第五十五条、第五十六条确立高校学生获得勤工助学基金和贷学金的权利，并要求履行义务，从权利义务统一的角度为勤工助学、国家助学金、国家励志奖学金、社会类助学金相关制度的建立，和相关法律主体的权利义务确立了依据。④ 高校资助的具体法律规定还主要体现在《教育法》第三十六条，该法条对教育过程的整体公平作出列举式界定，明确了学生资助发生作用的具体环节。⑤ 此外，第三十七条概括性地规定了学生资助的受助对象、受助条件、受助方式和受

---

① 《高等教育法》第九条规定：“公民依法享有接受高等教育的权利。国家采取措施，帮助少数民族学生和经济困难的学生接受高等教育。高等学校必须招收符合国家规定的录取标准的残疾学生入学，不得因其残疾而拒绝招收。”

② 《教育法》第四十二条规定：“受教育者享有下列权利：……（二）按照国家有关规定获得奖学金、贷学金、助学金。”

③ 《高等教育法》第五十四条规定：“高等学校的学生应当按照国家规定缴纳学费。家庭经济困难的学生，可以申请补助或者减免学费。”

④ 《高等教育法》第五十五条规定：“国家设立高等学校学生勤工助学基金和奖学金，并鼓励高等学校、企业事业组织、社会团体以及其他社会组织和个人设立各种形式的助学金，对家庭经济困难的学生提供帮助。获得贷学金及助学金的学生，应当履行相应的义务。”《高等教育法》第五十六条规定：“高等学校的学生在课余时间可以参加社会服务和勤工助学活动，但不得影响学业任务的完成。高等学校应当对学生的社会服务和勤工助学活动给予鼓励和支持，并进行引导和管理。”

⑤ 《教育法》第三十六条规定：“受教育者在入学、升学、就业等方面依法享有平等权利。”

助范围。①

三、部门规章、地方规范性文件

教育部、财政部等中央部委以部门规章的形式具体落实宪法、教育法和高等教育法的相关条文内容。比如从单项资助方式方面来看，有建立中国大学生工读路径的 1994 年《关于普通高等学校设立勤工助学基金的通知》、有完善国家人才激励措施的 2002 年《国家奖学金实施办法》、有促进学生资助信贷体制改革的 2004 年《进一步完善国家助学贷款工作若干意见的通知》、还有涉及学生资助根本性条件评估的 2007 年《关于认真做好高等学校家庭经济困难学生认定工作的指导意见》，从整体资助体系方面看，最重要的莫过于 2007 年《国务院关于建立健全普通本科高校高等职业学校和中等职业学校家庭经济困难学生资助政策体系的意见》。这些部门规章是各中央部委在具体学生资助管理过程中的法律依据，也是各地方政府除了基本法之外所要参照的重要法律文本。

为落实国家宪法、教育法对高校学生受资助权利和义务的原则性规定，地方各级政府以通知、办法、条例等具体形式，对高校资助工作在本辖区的实施颁布了地方政府的规范性文件，进一步明确了工作指南和操作依据。据统计，2007 年我国高校资助体系基本健全后，现行有效的省级以上地方规范性

① 《教育法》第三十七条规定："国家、社会对符合入学条件、家庭经济困难的儿童、少年、青年，提供各种形式的资助。"

文件共有192篇。[①] 以上海市为例，在奖助学金方面，市财政局、教委共同制定了《上海市普通本科高校、高等职业学校国家励志奖学金实施细则》等7项地方部门规章，针对助学贷款，颁布《上海市高等学校毕业生学费补偿和国家助学贷款代偿办法》，并配套国家资助政策制定其它相关地方规章。[②]

第三节　中美高等教育学生资助法律制度的比较分析

一、共性分析

（一）都从宪政的角度强调平等权

联邦宪法与中国宪法类似，没有直接对高等教育学生资助进行规定，联邦宪法甚至没有直接关于高等教育的规定。但是两国均从宪政的角度强调了对人的社会权利的根本保障，这都是与教育密切相关的。联邦宪法对信仰和思想自由、对平等机会的规定都是学生资助所因循的宪法权利保护之维，而宪法判例则逐步赋予政府对教育的干预，要求政府遵从人权保护的宪政考虑，避免包括经济歧视在内的各种不公平对待，保持教育领域的政治中立。而我国的宪法也赋予了公民平等权，并进一步强调了公民的受教育权，从宪政的角度强调了教育公平的法律依据。

---

① 在北大法宝中国法律检索系统勾选地方法规规章一项，标题关键词输入学生资助，现行有效的地方性法规命中0篇，地方政府规章命中0篇，地方规范性文件192篇。

② 参见上海学生资助网，http：//xszz. scsa. org. cn/，2016年8月2日。

（二）都以基本法的形式确定了资助基本模式

美国的《高等教育法》可以说是高等教育领域的基本法，它通过四年一次的授权与修正，不断变革适合高等教育发展的学生资助模式，随着资本市场的发达，逐步引入市场思维，丰富调和各个社会阶层矛盾的资助手段，资助手段的法定多样性奠定了美国多元化学生资助体系的基本法框架。我国《高等教育法》也从各个条文中概括式规定了奖补资助的模式，确立了我国奖、勤、助、贷、减、免、补的资助基本模式。

（三）都有地方一级的法律法规来确保资助的运行

美国州的教育法规规定教育经费的主要来源是广泛税收，而高等教育税收资金成为政府对于学生资助资金的重要来源。我国各省市政府也在国家法律和中央文件精神的要求下，推行了一系列地方规范性文件。

二、差异比较

（一）操作性法律的位阶不同

尽管在两国宪法、教育基本法中对高等教育的学生资助权利依据、基本模式均有表述，但在关于学生资助具体模式的操作性法律中，两国的法律位阶存在不同。以两国《高等教育法》为比较，美国1965年《高等教育法》仅对助学金一项就从分类、受众、标准、协议等方面制定了详细的规定。相比而言，我国《高等教育法》则显得过于笼统。在学生资助的具体操作方面，美国法律制度的位阶显然高于我国。截取两国高等教育基本法关于助学金的具体规定比较，见下表：

表 6.1　中美高等教育法关于助学金项目相关规定的对照表

法规 具体规定	中国《高等教育法》	美国 1965 年《高等教育法》
资助对象	少数民族学生 经济困难学生	经济困难且缺乏承担教育经费来源的学生①
财政责任	无	在法案有效期内每年财政拨款 7000 万美元②
获得期限	无	与学业所需时间相符，最长不超过四学年③
获得条件	无	达到一定的学业标准且全日制在校④
选拔程序	无	个人申请——学校选拔——学校发放补贴⑤

---

① 第一款：……本节的目的是，通过高等学校提供教育机会助学金，帮助那些有特殊经济困难的合格中学毕业生从高等教育获益，他们由于自己或者家庭缺乏经费来源，因此没有这样的帮助，就不可能获得这样的利益。

② 第一款（b）：因此特授权在 1966 年 6 月 30 日结束的财政年度中，以及以后连续两个财政年度的每一年中，拨款 7000 万美元，以使专员能够向根据本节第七款与其签订了合同的高等学校付款。这样，这些高等学校可以根据本款向本科生付出第一学年的教育机会助学金。在 1969 年 6 月 30 日结束的财政年度和下一个财政年度中，可以继续拨款，以执行本段的规定，只是金额要等以后国会通过法令确定。

③ 第三款：教育机会助学金的期限。根据本节颁发的教育机会助学金的持续时间，应与学生完成本科学业所需要的时间相一致，但这段时间不应超过四学年。

④ 第三款：根据本节接受教育机会助学金的学生必须（1）按照学校所规定的标准在学业上保持令人满意的进步；（2）在学年中全日在校学习。

⑤ 第四款：教育机会助学金获得者的选拔。（a）个人要向与专员签订了协议的高等学校申请本节所提供的教育机会助学金，申请要适时提出并且以该高等学校所规定的方式提出。（b）高等学校要根据与专员签订的协议，在所获得的教育机会助学金经费的范围之内，从申请者中选拔合格者，并根据本节第二款确定给每名合格者的金额。

续　表

法规 / 具体规定	中国《高等教育法》	美国 1965 年《高等教育法》
学校管理主体责任	无	通过协议的方式规定责任范围：即助学金经济的使用；受助对象的经济情况审核；对有需求学生尽到充分注意；筹措其他补充资金；制定合理选拔规则和程序；以及维护联邦财政利益和法律目标实现。①

（二）法条可操作性程度不同

仍以助学金这一主要由中央政府拨款给付的资助模式为例。我国国家助学金规范文件仅有财政部、教育部在 2007 年颁布的部门规范性文件《普通本科高校、高等职业学校国家助学金管理暂行办法》，将相关关键性工作环节的具体操作规范如下：

1. 受助学生条件：办法第三条强调基本条件应为全日制

① 第七款：与高等学校的协议——条件。(a) 希望能够互动偶尔教育机会助学金经费的高等学校要与专员签订协议，这样的协议应规定：(1) 高等学校根据本节所得到的经费只能根据本节各款用于所规定的目标；(2) 在确定申请者是否符合本节第四款所提出的要求时，高等学校要考虑申请者的收入来源和其主要经济支持者的收入来源，并对申请者和支持者的财产要进行适当的审核；(3) 与其他高校积极合作，努力鉴别教育特殊经济困难的合格青年，并且鼓励他们继续接受中等以后教育。(4) 高校保证继续从其他来源获得经费，以提高自己的奖、助学金，所获经费应不少于本协定执行前三年为此目的而筹集的费用的年平均额；(5) 要制定有关条款，保证所有需要资助的合格申请者都有合理的机会获得教育机会助学金（在经费允许的范围内）；(6) 要制定可能需要的其他条款，以保护美国的财政利益不受损失和促进本节目标的实现。

在校生、中等以上学历教育对象、家庭经济困难三项；另外办法第六条第五款对家庭经济困难学生进一步提出生活俭朴这一行为条件。

2. 受助标准：办法第五条规定了国家助学金的用途主要是负担贫困学生的生活成本。与当时居民平均生活水平相符，国家助学金的标准为2000元/人/年，办法赋予具体执行单位在1000—3000元内以2—3档浮动标准。

3. 财政责任：第三条规定地方政府在划拨助学金名额时除了以学生人数为基准的公式拨款方式，还要关注并倾斜民族高校、农林水地矿油核等特殊专业高校。第四条则对国家助学金的财政分担明确规定为中央与地方按比例分担。第九条对财政预算下达时限规定为每年9月1日前。

可以看出，暂且不谈法律文件的位阶如何，在部门规范性文件中确实对助学金的操作方面稍作规定，但效果如何却难以保证。比如说“家庭经济困难，生活俭朴”这一标准就过于概念化，甚至缺乏指导性意见。同样的内容规范，美国《1965年高等教育法》是这样表述的：“没有教育机会助学金，他将不可能在该校学习。”这将困难的程度形象地描绘出来了，此外该法仅“学生资助”（Student Assistance）就有95条法律条款，详细规定了诸如“教育机会助学金”、“家庭教育贷款计划”、“校园工读计划”等多种资助方案，并且还规定了界定学生经济水平所需要的计算方法——“国会方法”（The Congress Method）。

（三）经济政策上升到法律规范的程度不同

从上文对中国高等教育学生资助法律制度的梳理可以发现，《高等教育法》是当前境内唯一较为直接、全面地规定学生资助相关内容的法律，其他大部分资助工作都是在各部委、地方政府的政策性文件指导下展开。众多与学生资助相关的经济政策都未上升到法律的层面。比如说，1999 年国家助学贷款推行时，中国已经处于法律建设全面发展阶段，然而相较于西方发达国家、日本、甚至发展中国家泰国而言，中国的助学贷款运行近二十年，时至今日仍是以政策为主导实施，正式的法律法规还是千呼万唤“未”出来。这给实践操作带来不利后果，许多矛盾的冲突、问题的解决在没有法律框架的规约下，通过不断地修改政策来弥补，使得中国的学生资助工作具有很大的人治性和不稳定性。除了助学贷款，很多资助模式都急待法律给予“正身”，以实现依法资助、合法资助的法治管理目标。

相比之下，美国与学生资助息息相关的经济政策基本上都是通过法律授权政府执行的。比如在贷款政策方面，《学生贷款改革法》扩大了直接贷款的试点范围，《大学成本降低与机会法》将本应付给贷款机构的贴息直接补贴给学生。在财政政策方面，《国家与社区信托法》一方面赋予学生劳动助学的机会，另一方面也规定了政府在此项目中的财政责任，此外，《减税法》《希望奖学金减税法》《终生学习减税法》也是将税收减免政策上升到法律层面。

三、中国高等教育学生资助法律制度存在的问题

（一）法律位阶不高

除了上文关于美国相关法律制度的述评，英国、日本、澳大利亚等国家，皆以法律形式对高等教育学生资助的模式、体系、操作程序和标准加以规范，如英国早在 1944 年就通过《巴特勒法案》，规定了设立奖学金的办法。澳大利

亚通过“高等教育贡献方案”（Higher Education Contribution Scheme）体现了不同收入家庭的学生应付学费的差异，毕业税得到了使用。《日本育英会法》《1998 年泰国教育贷款基金法》则是专门在助学贷款领域实行的法规，用以规范资助款项的申领和偿还。相较中国的学生资助法制建设，无论在政策性强的助学金、奖学金方面，还是在契约性强的助学贷款方面，正式的、专门的法案几乎没有，只有一系列出台的文件。① 法律位阶实属不同，相关学生资助的立法应尽早进行。因此，《教育规划纲要》明确指出要“加快教育法制建设进程”，在此要求下，教育部发布的学生资助中期评估报告中也强调“应该加快学生资助立法”。

（二）法律缺乏一致性和系统性

中国《高等教育法》确定了奖学金、助学金、助学贷款、勤工助学等资助模式的合法性和必要性，但既缺少各个资助模式具体实施的法律文本，也缺少一部完整的自成体例的高等教育学生资助法。虽然美国也没有所谓的学生资助法，但其在各个学生资助项目中，皆有系统的法律制度。以助学贷款为例，美国助学贷款的立法非常全面，虽然没有一部集中的、统一的法律把所有助学贷款包括进去，但采取了一个法案规定一种助学贷款，出台一系列法案分别规定许多不同种类助学贷款的形式，构成一个完整的助学贷款法律体系。中国《高等教育法》

---

① 以助学贷款方面为例，只有中国人民银行、教育部、财政部、银监会 1999 年出台的《关于国家助学贷款的规定（试行）》；2000 年出台的《关于助学贷款管理的若干意见》《关于助学贷款管理的补充意见》《中国人民银行助学贷款管理办法》；2004 年出台的《关于进一步完善国家助学贷款工作的若干意见》等规范性文件。

对学生资助的概括性规定不能满足资助工作的实际需求，也有异议者认为中国地广人众，民族文化迥异、经济发展不一，无法对学生资助工作进行一以适众的规定，然而笔者认为一国特定发展时期的高等教育目标是统一的，只要目标一致、原则不移，学生资助的操作性规范就能做到“放之四海而皆准”。当前现状却是高层级法律的缺乏使各级、甚至各个资助管理主体各行其是，个别管理主体只顾眼前利益，为了容易产生“政绩”的工程挤占资助经费也时有发生，这就是学生资助缺乏一致性和系统性的法律导致的，这使学生资助这一“民生”政策与法治的秩序追求相悖。

（三）法律缺乏程序性规定

学生资助是对高等教育资源的配置利用，是对社会财富的再分配，涉及全社会的公共利益。个体对私益的处分自然遵照意思自治原则，而政府作为公共利益的代表者，对公共利益的处分应该严格遵循法定程序，这是对政府行为的法律监督，也是对社会财富的法律保护。目前有关学生资助的拨款、申领、放发等程序虽有规定，却不是“法定”，规范性文件更多地从政府管理角度出发，以管理的便捷、有效为直接目标，因此在程序设置时要么受制于已有的管理框架，要么忽略学生资助的远期目标。比如在助学金的地方财政拨款方面，兼顾在校生和困难学生比例的拨款公式尚未“法定”，对学生资助的财政稳定性有很大影响。此外，管理主体的“自由裁量”也无“法”约束，尤其在中国征信体系、税收制度极不完善的当下，仅靠一纸收入证明就能确定贫困生身份的做法，使资助管理权力被无限放大，没有法定程序就没有民主监督，资助行为的不规范与资助工作的重要性相悖。

（四）国家政策亟须上升到法律层面

《国务院关于建立健全普通本科高校高等职业学校和中等职业学校家庭经济困难学生资助政策体系的意见》对学生资助的重大意义、主要目标、基本原则、工作内容和要求都有所规定。作为纲领性文件，其体现了资助要求，也明确了资助失职的责任。但是它更多的是从政策制定和执行的角度进行工作的指导和规范。站在法律的视角，学生资助缺乏直接的法律责任依据。比如它强调财政资金的落实责任、助学资金的发放责任、专款专用的使用责任、监督检查的管理责任以及违规违法的法律责任等，除了明确违反现有的法律法规外，其中屡屡提及的“责任”究竟是什么性质的责任，是行政责任、经济责任还是法律责任呢？是用党纪还是国法来规范呢？因此，明确法律救济方式从控制公权力的滥用和保障受助对象权利的角度来说，是最底线的保障。

除此之外，目前我国高等教育学生资助方面，基本上都停留在政策层面，主要集中在财政、税收、贷款等经济政策方面，政策的实施可以确保行政权力的有效使用，然而在法治社会的愿景下，从政策上升到法律是依法治国的根本要求。

第六章　法律完善：中国高等教育学生资助法律研究

根据论文前述的分析和论证，笔者认为中国高等教育学生资助法律制度存在法律位阶不高、未形成系统化的法律制度、缺乏程序性规定、大量政策性规定亟须以立法的形式确定下来等问题。其完善和创新的基本路向可以“1 + N”的形式，设计和制定一套统一城乡及地区、体现资助理念和符合高等教育市场经济发展趋势的高等教育学生资助法律制度体系；以完整、稳定、系统地解决由高等教育资源配置不平衡、社会财富分配不均衡、地区发展不一致而产生的教育不公平问题。建立高等教育学生资助法律制度体系可以将学生资助这一政府改善收入分配差距的行政手段，上升为再分配社会财富的法律手段，既体现了法治国家对国民平等社会权利的重视和保护，也为市场改革背景下中国高等教育可持续发展提供最根本的保障。本文前几章对高等教育学生资助展开行为分析、理论分析、法理分析以及比较分析，在对行为本源和相关理论的充分理解下，确定学生资助与政府干预社会财富分配的法理统一，从教育公平和教育资源效益最大化的实现角度，剖析了现行法律的缺失和不足，本章将在此基础上，丰富我国高等教育学生资助法律的基本理论，完善解决实践问题的制度设计，并从法律层面畅想学生资助未来的发展趋势。

第一节 高等教育学生资助法律理念、形式与制度结构研究

一、法律理念

随着社会形态的变革，公民权利发生了从无到有，从不尊重到被保护的转变，高等教育学生资助法律理念的更新与人类社会的前进同步，这是历史的选择。通过前文的论述，已经说明了在当前高等教育规模化进展中，学生资助作为一类重要制度，其目标在于实现教育资源的合理配置、提高资源利用效率、维护各群体间的教育公平，等等。因此，结合学生资助工作现状，当代中国高等教育学生资助的法律理念选择应该包括以下内容：

（一）维护教育公平

公平是任何法律的基本理念，体现在高等教育学生资助法律上就是维护教育公平，这个理念是学生资助制度中的最根本理念，体现学生资助的社会性。原因在于：一是学生资助制度的设计源起就是解决经济困难群体的教育公平问题，无论是最初的无偿资助（助学金）还是后来发展出的有偿资助（助学贷款），任何制度都是提高低收入阶层的高等教育购买力，以解决高等教育学费开支与经济困难的矛盾，确保任何收入阶层的学生都有公平的受教育机会；二是教育机会的扩大使更多贫困学生进入高等教育体系内，通过受教育的途径摆脱“贫困文化”的代际传递，迅速地改善自身和家庭经济情况，从教育结果上实现了公平；三是作为高等教育中的重要环节，学生资助本身的公平维护了教育公平，不单单是有所需者皆有所

得，而且是所得之物皆为应得之物，学生资助是一项补偿性制度，而非营利性，任何个体不可能，也不应该通过受助获得超出教育成本的资金，学生资助本身追求的是公平而为均等，因此资助公平就确保了教育公平。

（二）提升教育资源配置效率

该理念体现学生资助的经济性，作为国家配置高等教育资源的重要财政手段，在实现教育公平的政府责任前提下，其资源的有效配置是评估政府财政绩效的主要标准。财政法的主要功能就是在市场条件下，通过法律赋权的形式，给予政府行政干预的权力，以“有形之手”调控市场资源配置，以期达到最大效益。因此，学生资助的相关法律制度也应遵循效率的理念，一方面是针对高等教育资源的配置的媒介作用，另一方面是针对学生资助本身的资金使用。前者是学生资助通过法律的手段，明确国家加大资助力度的政府责任，提升整体教育资源，同时通过社会财富的再分配，引导教育资源流向弱势群体；后者则是需要正视学生资助整体资金和教育成本补偿需求的差距，无论政府如何加大财政投入，在很长的时间里，贫困阶层不可能都获得充分的补偿。因此从法律上确定一种资金使用规则，一方面监督资金的合法使用，避免浪费、贪污或挪用，另一方面更要发挥资金的最大效益。比如说，各国学生资助中普遍有关于学生所获资助总额的限制，原则上不应高于其教育成本。①

---

① 如美国的“资助包”规则，在分析学生的就学成本和家庭贡献的基础上，计算学生的经济需要，然后综合不同的资助形式提供资助。这种方法结合每个学生的不同需要给与资助，并且能够掌握好资助的限度，避免资助资金集中在一个人身上。

（三）实现高等教育可持续发展

法治经济要求通过法律的手段实现有效的资源配置和社会经济的可持续发展。体现在高等教育学生资助的法律理念上，就是实现高等教育可持续发展，原因在于学生资助所维护利益的社会性，它指向的不是个体利益，不是国家利益而是社会利益，这与经济法体系所保护的利益性质相同，经济法是一国实现经济可持续发展的法律保障，而学生资助就是实现教育可持续发展的法律保障。在高等教育学生资助法律理念上，可持续发展主要体现在两个方面，一是从法律保障角度确定资助资金来源可持续性，使得用于资助的资金不至于拮据，鉴于资助的主体资金依靠财政投入，因此只有规定资助主体的财政预算制度、财政支付制度、财政法律责任等，才能确保资金来源从政策保证到法律保障，从“人定”到“法定”；二是确保学生资助的自我发展，既包括资助资金的增益，也包括通过学生资助加强教育市场的正外部性，为确保资助财政的公共性，多数国家建立“防火墙”避免财政专款发生意外，比如贬值、挪用等不良现象，但也限制了财政资金的增益，在资本市场逐步成熟的当今社会，从法律层面确定安全的增益途径，也未尝不是一种新的思路。

二、法律形式

（一）基本法律

借鉴美国的高等教育学生资助立法，其由联邦《高等教育法》及系列修正案构成学生资助的基本法律，并以其为统领由国会授权联邦政府或州政府出台各项法案解决更为专业具体的问题。因此美国没有单独的学生资助基本法律，但是联邦《高等教育法》对学生资助的系统性规定，足以为下位法提供实践性强的法律依据。

基于高等教育学生资助的重要性，基本法律的制定是必需的，具体路径可二选一：一是制定《高等教育学生资助法》，单独立法的好处在于能够更系统全面地发挥法律解决资助利益矛盾的功能，也能更清晰地规范学生资助的未来发展方向，发挥法律的预见引导功能，但是立法成本是必须要考虑的附带问题。二是在中国《高等教育法》中细化、量化学生资助的具体制度，借鉴美国模式以《高等教育法》为学生资助的基本法律，这样能够大大缩短立法时间，节约立法成本，收效也更快。但是这种路径同样存在困难，由于两国制定法律的成文要求相异，英美法系的文本内容更注重实践性，而大陆法系更注意原则性，所以要在中国《高等教育法》中增加大量的细则，会使法律体例无法统一，结构失衡。通过对以上两种路径的比较，笔者认为制定一部专门的《高等教育学生资助法》对学生资助工作的推动更具有现实意义。原因主要有：

第一，学生资助法与教育法、经济法的关系。基于前几章对学生资助在高等教育领域的市场行为描述、政府干预属性的界定和其所采用的本质方式——国家对社会财富的再分配，都表达了在市场改革的前提下，学生资助法与经济法体系相承一脉的关系，若仅凭学生资助的目标——实现教育公平，就将相关法律与教育法联系起来则不免单薄，而且对于实际问题的解决并无益处。事实上，学生资助法的本质应该是教育领域的经济法。

第二，学生资助本身的复杂性。首先，资助范围有待厘清：学生资助是以弥补经济差距的方式实现教育实质公平，以家庭困难学生为主的资助范围正受到越来越多的深思，促成美国《中等收入学生资助法案》出台的原因正是中等收入家庭承担了更多的社会教育成本，而获得更少的政府资助，造成教育资源分配的实质不公平，因此中国相关法律的完善应该对公众扩大资助范围的期望有一定预见性。其次，资助对象的认定有待科学化：与大多数发达国家利用税收体系通过公式计算得出资助需求的方式不同，中国的税收体系本身还十分不健全，学生资助对象的经济情况只能通过层层盖章、层层审批的方式，甚至还发展出具有中国特色的学生评议方式，当然这是当前最优的解决方法，但是学生个体的受助需求根本不得而知。因此，在其他技术手段尚未达到要求之前，至少应该在认定条件、标准、方式以及程序上制定基本的参照，以期实现有限的资助经费用于每个真正需要的人。最后，资助模式的多样：国家建立的高等教育学生资助体系包含了多种资助模式，每种模式都具有不同的关注群体，采用不同的经济补偿方式，这决定了必须有专门规约这些经济活动的法律，而基于这些经济活动实现教育公平目标的特殊性，使其无法直接适用散落在各个法律条文中的规则。

因此从预期上看，由《高等教育学生资助法》担任学生资助的基本法角色有助于该项工作的开展。但是，无论以何种路径，出台学生资助的基本法律，都是当务之急。确定资助法律关系的权利义务内容，规范各类学生资助活动，加强法律监督，明确资助管理主体和受助者的法律责任等，是高等教育学生资助事业发展的关键所在。基本法律的制定不仅能为学生资助活动提供上位法依据，更能对下一步制定专项法规，指导下位法完善学生资助法律体系的多元化和层次化奠定基础。

（二）专项法规

另一方面，随着国家经济内容的丰富，越来越多新兴的资助模式在社会经济中出现，比如教育信托①、公益捐助等，原先主流的资助模式也在经济发展的浪潮中产生越来越多的问题，这些都急切地需要科学而有效的管理。在基本法中对所有的资助模式一一详细规定实为困难，这必然带来基本法体例不清、重点不明的问题，因此针对重要资助模式的专项法规显得非常必要。

其中尤其以助学贷款这一模式为代表，与其他资助方式有所不同，因为除了政府、学生和高校外，还加入了金融机构这一特殊的商业主体，因此这种资助模式的商业性和资本性是不容回避的，这也正是国家助学贷款当前许多问题的根源所在。如果不从法律层面明确利益的关注点，制定强制力加以约束，则难以推动助学贷款的可持续发展。反观美国在这一领域的专项法规制定，几乎历届政府都要改革助学贷款制度，出台新的贷款项目法案，使助学贷款这一重要模式能够与国家财政和社会经济的发展相适应。因此，国内众多学者强烈呼吁尽快出台《学生助学贷款条例》以代替现行中国人民银行颁布的部门规范性文件。

除了现有的资助模式应该以高等教育学生资助专项法规、条例等形式予以制定，而新兴的资助模式也应该在成熟运作以后以专项法规的形式推出，而不是政府单独出台办法或通知等行政命令。这些法规应包含的内容主要有：专项资助模式中的

---

① 徐孟洲在《论我国公益信托的设立》一文中详细论述了公益信托的特性，提出了公益事业信托制度的可能性和可行性，笔者认为学生资助的公益性使其有可能通过信托的途径实现资助资金的有效使用和增益。

理念和原则，受助对象的范围和条件，资助管理主体的权力界线、资助资金的来源和使用规范，以及相关程序和法律责任等。

三、制度结构

（一）从政策体系到法律体系的转变

中国对于高等教育学生资助的政策关注度是足够的，相应的政策体系已初步建立，但这距离国家提出的法治教育还相差甚远，学生资助仅在《教育法》《高等教育法》中作了概括性的规定，政策体系向法律体系转变有待努力。在法治社会中，这种上升是客观必须的。原因在于：首先，法律是最高层面的治理手段，较政策更加稳定也更有预见性，学生资助政策的法制化能让贫困学生敢于预期所能获得的补助，敢于规划自己的人生目标；其次，政策决策过程与法律制定往往相反，政策一般是行政部门自上而下的命令，而法律的制定颁布则需要自下而上的过程，所以政策往往由于行政部门的利益异同而发生冲突，而法律因其制定过程的严谨与规范，将极大程度降低冲突的可能；再次，如果没有确立相应的法律责任，权利的实现与义务的履行将缺乏法律保障，一切只能是空谈，学生资助所涉及的社会利益将无法实现；最后，也是最为重要的是，法律具有精神，而政策只是命令的执行。具体法律在法律部门的归属决定了其独特的精神，比如说民法崇尚平等，刑法强调惩戒，经济法则追求社会和谐等，在不同的法律部门将会呈现出不同的立法取向，而每一种法律精神则能够统领具体法条的制订以达到相同的目标。这相比政策而言，是极大的优势，也是法律稳定、严谨和规范的根源所在。

目前我国高等教育学生资助的政策体系从国家层面到地方层面，概括性政策到操作性政策，皆有涉及，较为完善。但各个政策出自不同行政部门，政策目标难以统一。所以，必须尽快完成学生资助政策的法制化，从法律层面弥补政策决定不严谨、政策执行不到位、政策究责不彻底等政府缺陷，避免“政府失灵”。

（二）制度结构的安排

以“纯粹法理论”著称的法学家凯尔森（Hans Kelsen）提出了法律制度中各个规范相互关系的重要性，为法学研究者分析法律的制度结构创新了思路。[①] 对法律制度结构的安排应该明确法律不是彼此孤立的“命令”的集合，而是一个统一的体系，并且具有一致的逻辑。[②] 制度结构既有形式上的结构，也有实质上的结构。分析法学力图抽象出各种法律共同的结构安排，而凯尔森也承认这只能是形式上的，往往体现在等级结构的安排上；而实质上的制度结构安排则需要一致性原则，因此同一法律体系内的全部规范应以基本法律的最终效力为准。[③]

学生资助从政策体系向法律体系转变，正是要通过法律制度的结构安排，改变目前中国高等教育学生资助政策体系的客观问题：比如出台主体不一，内容纷繁复杂且缺乏系统性，行

---

① 凯尔森：《法与国家的一般理论》，中国大百科全书出版社 1996 年版，第 3 页。

② Joseph Raz,, The Concept of a Legal System (2nd ed.), Clarendon Press, p. 317.

③ Hans Kelsen. *What is Justice*? , University of California Press, 1967, p. 205.

政命令超越制度本身，临时性政策程序性不够等，行政职权的“真空”或“重叠”是造成这些问题的根源。一旦上升到法律体系，就能够以更为严谨的制度结构来解决这些冲突，用一种更高层次的治理方式推动学生资助事业的发展。

1. 形式上的制度结构安排

这种安排应该体现在法律等级的规范上。首先必须明确政策体系的等级逻辑不能直接适用于法律体系，制度等级的结构安排并不是简单复制行政级别，而是由上位法决定下位法制定部门、制定程序以及所涉及的主要内容，因此高等教育学生资助法律的制度结构应该在对现有政策体系的梳理上，由学生资助基本法律统领部门规章、地方性法规和规章内关于学生资助的相关规范，同时也规范这些下位法的创设，除此之外学生资助基本法律也应该遵守《宪法》《高等教育法》中的相关规定，由此形成的等级结构是高等教育学生资助法律体系进行自体创造和适应变化的能动机制。如图 6.1 所示：

图 6.1　高等教育学生资助法律等级结构图

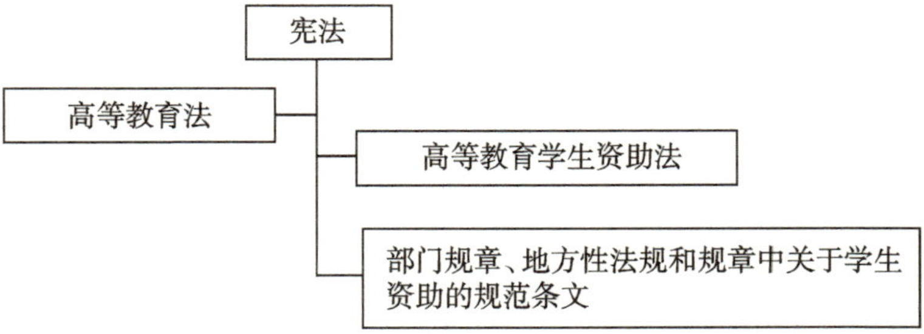

2. 实质上的制度结构安排

现有的高等教育学生资助法律极其简略，可以确保一致性，然而当政策体系整体上升为法律体系时，在实质上的制度结构安排上应该注意使一致性原则发挥作用。也就是说由基本法律授权制定的其他规范，与基本法律一起构成了制度体系，他们之间的互相关系是整体的。然而当前中国学生资助政策之间的关系含糊不清，简单地法制化不但不能发挥法律手段的优越性，甚至制定出互相冲突的法律规范。因此，实质上的制度结构也应该具有统领性的规范原则与目的，其他规范方向应该围绕原则和目的的实现而制定。体现在高等教育学生资助法律的制度结构上是：学生资助的理念、原则和目的应作为学生资助中需要因循的统领性内容，其他规范则在其指导下展开。如图 6.2 所示：

图 6.2　高等教育学生资助法律制度结构图

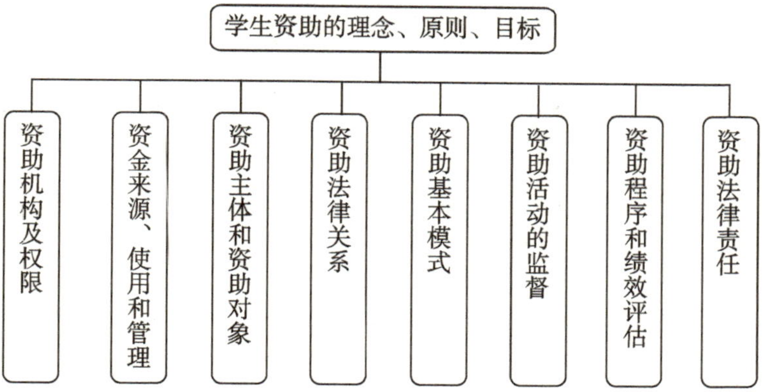

依照以上制度结构的安排，一个内容全面、制定科学、标准合理的法律框架呼之欲出。笔者认为学生资助的方向将基本清晰，政府责任和相关主体的权责也得以明确，能够确保以制度提高执行绩效，最终维护公民公平教育权利的实现。

第二节　高等教育学生资助法律关系研究

高等教育学生资助法律制度的研究基础是对资助法律关系的准确法律定性。只有从行为特征、文义界定、法理依据等方面明确这一法律关系的法律属性，才能对法律关系的构成有所进益，进而指导学生资助法律制度的设计。以往关于学生资助法律关系的研究，多数围绕传统的民事法律关系或行政法律关系演绎，这种非私即公、非公即私的属性判定，对于学生资助法律关系而言，均有偏漏，笔者认为学生资助得以长久发展的根本，在于政府能否通过切实有效的收入调节达到教育公平的社会目标，因此学生资助法律关系本质上蕴含着公私交融的第三法域特性，即经济法属性。

一、高等教育学生资助法律关系的属性

高等教育学生资助法律关系是在国家财政为主导资助经济弱势群体的过程中，根据高等教育学生资助法律规定在资助主体间所形成的权利义务关系。因此高等教育学生资助法律关系具有以下属性。

（一）高等教育学生资助法的经济属性

作为高等教育市场机制良性运转的支持法，高等教育学生资助法律制度反映了对政府矫正社会收入分配不公行为的法律规制。在国家资助学生的过程中，经济关系的流动和规制贯穿于始终，高等教育学生资助法的经济属性不单单体现在以经济补贴为承载的资助关系上，也体现在国家以学生资助为路径的经济调节上，因此，无论是手段还是结果，经济属性表现都非常显著。国家通过学生资助法律的保障，可以弥补市场机制带来的社会财富分配不均，以及由此引发的对弱势群体教育公平的损害，促使人们重新认识和合理利用市场机制，维护公民的受教育权，实现社会稳定和社会安全，最终达到保护社会财富和通过市场机制获得财富的目的。

（二）高等教育学生资助法的社会属性

这一支持法的社会目标是更高一层次的追求。它是对组成社会的最基本元素——人——在经济弱势时期不利局面的不断修复，从维护公民受教育权的角度用法律手段提升社会人力资本质量，这是国家制度对人类社会整体福利的谋划，尽管以经济干预为手段，但是从社会分配法则的角度分析，高等教育学生资助法律是以当事人重新拥有人力市场竞争能力并实现国家改善社会分配不公的重要保障，因此，以分配法则为主体的学生资助法律体现了人类社会追求整体利益的社会属性。

（三）高等教育学生资助法律关系的经济法属性

经济法律关系的"社会性"特性，与民法横向法律关系的平等特性，行政法纵向法律关系的管理特性有着根本区别，这决定了经济法律关系无法直接适用民法和行政法调整。鉴于经济主体间复合型的社会关系，这种法律关系存在"权利与义务合一、权利与义务对称以及权利义务的不守恒"①的特性。

如前所述，高等教育学生资助法律是涉及社会分配实现教育公平的法律规范，尽管没有现成的社会分配法作为依据，但社会分配是经济法规制的重要部分，主要由财政法律制度、税收法律制度、劳动法律制度等与社会分配相关的法律共同规范。在现代高等教育的发展过程中，学生资助一直伴随市场经

---

① 在个人契约作用下，弱者之权利多，而义务少，强者则义务多、权利少。社会法的这种法律关系的特点，称之为权利义务的不守恒性。参见董保华、郑少华：《社会法——关于第三法域的探索》，载《华东政法学院学报》1999 年第 1 期。

济的发展不断改革，其政策初衷在于通过经济手段合理有效配置稀缺的教育资源，弥补市场机制的缺陷，实现维护教育公平的目标，并在教育公平的基础上确保政府财政投入对于高等教育这一人力资本投资的公平性，切实发挥国家以高等教育途径矫正社会财富分配不公的政策目标。因此，高等教育学生资助法律制度所要保护的直接利益是高等教育经济的稳定发展，所要保护的最终利益则是社会公平的实现，其法律关系具有显著的经济法属性。

二、高等教育学生资助法律关系的构成

“法律关系是通过法律规则界定的人与人之间的关系”①，法律关系的构成就是明确关系发生在哪些人之间、他们之间关系的载体以及法律规则所要保护的关系内容。从法理上说，主体、客体和内容是法律关系的基本构成，也是法律关系的决定因子，任何一元的变化都将带来整体关系的转变。

（一）主体及其特征

1. 政府与学生

高等教育学生资助法律关系的主体包括学生资助的管理者和接受者。管理者包括各级政府、学生资助管理机构；接受者即是有受助需求的学生（资助目标群体）。学生资助除了涉及少量社会捐助外，基本上是一种政府主导的财政补贴活动，政府在其中扮演着关键角色，承担的不仅是社会责任，更是法律责任。符合学生资助法律规定的学生，是政府财政补贴的适格

---

① ［德］萨维尼：《萨维尼论法律关系》，田士永译，载于郑永流主编：《法哲学与法社会学论丛》（七），中国政法大学出版社2005年版，第3页。

主体，享受国家给予的帮扶。中央、地方政府与学生是这一法律关系中主要的主体，一方基于社会职能而确立，另一方基于受教育权利而确立。

另外，我国目前还有各级学生资助管理机构，比如全国学生资助管理中心、省市级学生资助管理中心等，它们承担着参与学生资助政策制定、落实政策措施、指导监督下级单位和高校资助工作等职责，笔者认为，他们在学生资助法律关系中处于辅助性的主体地位。学生资助管理机构执行国家财政权力主体、教育管理权力主体所制定的学生资助规则，对特定群体进行财政补贴，这一行为属于辅助学生资助工作落实的具体方式，贫困学生与学生资助管理机构之间实质上并没有直接的资助法律关系，管理机构相当于学生与政府之间的资助媒介，因此，学生资助管理机构应该是一种辅助主体。

高校作为直接与受助学生个体发生关系的组织，其与学生之间的法律关系也备受争议。既可以理解为高校基于管理资助活动与学生之间发生的行政法律关系，也可以理解为高校与学生两个平等主体之间的以契约规约资助行为的民事法律关系。当高校以自有收入资助学生时，不论是否依据相关政策法律，其与学生之间应为契约关系，而当高校以政府财政资助学生时，其与学生之间应参照上文论述的学生资助管理机构的角色判定，是一种辅助性的学生资助法律关系。因此，高校在学生资助法律关系中的主体地位应取决于资助资金来源。

2. 主体的特征

首先，政府及其资助管理机关具有主导性，学生资助法律关系中，如果政府不先承担资助责任，不主动干预收入分配，这一关系也难以为继，因此政府主导法律关系的建立、运行与结束。政府对于法律关系的另一方有着优先权。其次，学生主体具有独立性，尽管政府占据了主导权，即在法律关系中学生是政府资助的对象，在资助行为上学生依附于政府，但在教育权利的追求上，学生是独立利益的个体，每个学生都有权利依据宪法赋予他们的受教育基本权利，要求政府承担资助责任，并对政府未尽职责提出诉求。最后，主体法定性，高等教育学生资助法律中，首先要解决的就是“谁来资助与谁受资助”的问题。因此，法律关系主体的确立是开展后续资助工作的基本前提。对于法律关系中谁有权参与、什么时候参与、在什么情况下参与，以及如何参与都应由资助法律明文规定。主体的法定性既是法律对相关主体的赋权，更是对权力的法律规约。

（二）内容

对于高等教育学生资助法律关系而言，其内容主要体现在学生资助法律关系主体的资助（受资助）权利和资助义务，而这种权利义务的特殊性在于，它跳脱于私法的范畴，区别于某一个体的某一具体权利义务的限制，而是以整体经济发展为基础，以社会整体或某一群体的权利义务为界定的。也就是说，作为高等教育学生资助法律制度，其关注的应该是教育资源的有效配置和教育公平的确保。

政府出于社会责任本位，其担负着对特殊群体的资助职责，这种职责既体现在具有统筹学生资助的权利也体现在承担必须给予应获助群体资助的义务；而资助管理机构作为法律关系中的辅助主体，其主要承担着执行资助制度，协调管理事务的权利义务；学生主体是受助对象，具有在一定条件下获得资助的权利，也应该要承担配合资助活动顺利运行的义务，比如说确保申请条件的真实性等。

此外，这一法律关系的权利义务还呈现以下特征：第一，法定性，没有学生资助法律，就没有资助权利义务，这与民事、刑事法律关系基于人的自然属性而拥有的权利义务不同，比如说生命权、健康权、抚养义务等，因此法律未赋予的权利不可强求，未规定的义务不可强加。第二，规定性，对于法律关系的各方主体而言，相应的权利义务只能是法律明确规定的，这既是对主体权利的合法规制，也是对义务的合法保障。第三，资助权利行使的积极性，法律赋予政府通过学生资助对社会财富再分配的权利，也是确保教育公平实现的职责，权利与职责并存，决定了政府必须积极行使手中的权利，主动解决、主动发现，积极协调法律关系所涉及的各方利益冲突。

（三）客体

客体是法律权利义务的载体和指向对象。高等教育学生资助法律关系的客体是资助（受资助）权利义务所指向的对象，具体来说就是政府通过财政补贴等经济手段对学生进行的资助行为和学生的获助行为。首先，该行为对政府和学生来说都是实现利益的行为，学生通过资助行为获得经济补偿，弥补原本受遏制的教育机会，提高自身人力资本，实现自我提升的利益，而政府则通过资助行为维护教育公平，实现教育改善社会收入分配差距的功能，获得社会利益的最大化。其次，该行为能够为资助主体所控制，政府通过财政活动，确保资助资金的公共性，使政府能够有效地实施资助行为，体现政府的社会责任。最后，该行为是学生资助法律规定的独立行为，学生资助行为并不附属于资助主体的其他行为，同时也不是任何政府、学生的行为都能成为学生资助法律关系的客体。

学生资助资金能否成为资助法律关系的客体，这值得商榷。资金仅仅是学生资助法律关系客体所涉及的事物，是一种静态物质，只有当它为政府通过社会财富再分配获得，并用作财政补贴的资助资源时，它才富有资助性质，当作用于它的行为发生改变时，资金的性质也随之改变。资助行为则不同，它是权利义务直接作用的对象，具有特定的表现形式，以资助行为作为客体而非资助资金，能够避免逻辑上的混乱。

第三节　中国高等教育学生资助法律完善

在高等教育学生资助法律的制度结构安排中，最基本的法律理念和法律关系已在前两节论述，与资助资金的来源、使用与管理、资助评估和资助法律责任相关的是其余重要结构。其中资助资金的来源、使用与管理实质上界定了学生资助政府主体的权利义务，可归类为实体性内容，在法律上体现为财政投入制度和财政转移支付制度的完善；后两者规范的是学生资助的保障路径，为程序性内容，在法律上体现为绩效评估制度和法律责任制度的完善。

一、高等教育学生资助的财政投入制度完善

高等教育是兼具公共产品和私人产品两种属性的准公共产品，市场经济主体都想不付或少付成本享受公共产品，市场机制的固有属性会带来资源配置的严重不公，结果就是政府应该承担公共产品的投入责任。学生资助作为高等教育市场经济发展的政府干预行为，体现着国家管理经济、实现社会公平的责任。学生资助法律关系的主导性主体是政府，规范政府资助权利义务是高等教育学生资助法律的重点，而其中政府资助义务

更是重中之重，只有确保了义务的履行，才能有后续的资助管理权利。政府资助的首要义务体现在确保资助“财源”充足，学生资助主要来源于财政拨款，因此保证学生资助的财政投入就是政府的资助义务。

（一）高等教育学生资助财政投入分析

2007 年是中国高等教育学生资助体系建立的重要年份，自此国家财政和其他资金对于学生资助的投入连年攀升。2006 年学生资助资金为 167.29 亿元，2007 年为 271.12 亿元，增幅超过 62%，直到 2015 年为 847.97 亿元，与 2006 年相比总体增幅超过 406.89%。其中财政投入的情况是从 2007 年的 75.28 亿元增长至 2015 年的 431.45 亿元，超过近 6 倍。如图 6.3 所示。

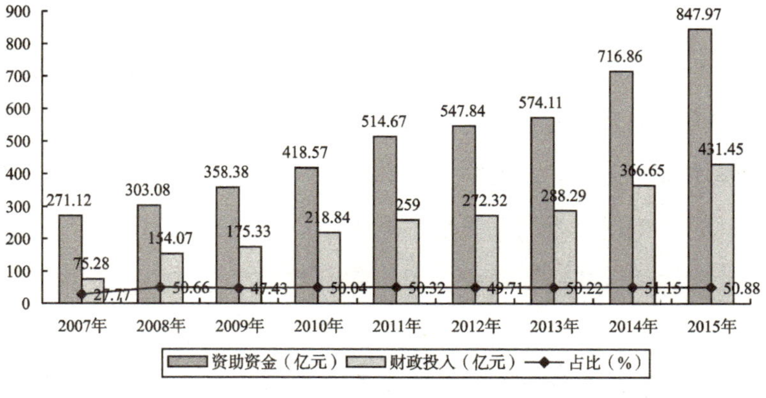

注：数据来源于 2007 至 2015 年全国学生资助发展报告

通过近 9 年的数据分析可以看出，高等教育学生资助一直以来受到国家重视。除了资助资金总体攀升之外，财政投入也连年增加。但是有两个现象值得关注：一是在数额增加的同时，增幅却没有明显增加，除了在 2008 年学生资助体系建立之初，增幅翻番外，其余年度增幅均不超过三成，甚至在2012年有所回落。二是财政投入的增速赶不上其他资金[①]的投入涨幅，这从财政投入在资助资金的占比可以看出，从2007年至2015年，财政占比一直维持在50%左右。

从以上现象可以总结出：首先，财政投入相较其他资金来源没有明显优势，这与政府应该承担的学生资助主要责任不相吻合；其次，财政投入不断增加但增幅不够，体现了增长因素更多地基于国民经济总体水平提升，财政实力增强等，而非对于高等教育学生资助本身的关注度；最后，财政投入在个别年度的突然回落，体现了政策的不稳定性，对政策法制化的要求呼之欲出。因此，财政投入弱化是中国高等教育学生资助法制化亟须改善的现状，只有确保了“财源”充足，才能推动高等教育学生资助事业继续前行。

（二）财政投入应为学生资助资金的主体部分

一直以来中国有限的教育资源大部分用以确保义务教育，高等教育作为人力资本提升的最后阶段，财政投入始终跟不上发展需要。学费改革缓解了财政压力，但是引发了教育不公问题，因此在高等教育总体财政投入不足的情况下，政府既然通过市场化渠道减轻了财政压力，就应该承担消除相应负面影响的责任，国际经验证明，学生资助是应对高等教育市场经济发展不利因素的有效财政措施，但其实施效果与政府的财政投入及政策效率息息相关。进一步说，学生资助的资金来源应以政府投入为主导，兼与多元化筹措途径相结合，方能体现其公共性的特点。

---

① 其他资助资金是指学校从事业收入中支出、金融机构国家助学贷款及社会团体、企事业单位和个人捐助等各类资金。

以2014年为例，高校事业收入中提取并支出资助资金170.88亿元，占总资金的23.84%，比2013年增加53.14亿元，增幅45.13%。[①] 然而2014年财政投入也只占总资金的51%，从市场思维来看，以学费为生的高校仿佛正在承担更多的资助责任。如何避免政策的随意性、人为性，这是学生资助法制建设的法律担当，只有通过法律的强制力保障，才能明确政府投入学生资助、实现教育公平的财政主导责任。在国内财政紧缩的大背景下，法律监督可以推动政府管理职能的转变，明确不同领域内市场机制与政府干预之间的配合关系、主次关系，促使政府提高资金使用效率，对紧张的财政资源合理分配，提高学生资助支持力度。

（三）完善财政投入制度的具体路径

1. 建立主导型财政投入制度

基于前文对于学生资助与高等教育规模化发展及政府职能转变相互关系的论述，学生资助与保障公民宪法上的受教育权乃至维护教育公平密切相关，是高等教育领域不可或缺的财政措施。因此确保资助给付所需的财力资源应该达到两个标准：第一，财政投入在占比上具有绝对优势，这是避免资助工作受到不利影响，具有稳定性的必要条件。"巧妇难为无米之炊"，学生资助的发展根本在于资金的发展，资金停止不前甚至倒退，再好的资助理念、资助措施都难以为继，财政政策效用的发挥重点仍是财政投入的稳定与充足。[②] 多样化的资金来源渠

---

① 2014年中国学生资助发展报告，http://www.xszz.cee.edu.cn/tongzhigonggao/2015-08-21/2320.html，2016年6月16日。

② 蔡茂寅：《财政作用之权力性与公共性——兼论建立财政法学之必要性》，载《台湾大学法学论丛》1996年第25卷第4期。

道应该得到激励和扩充，这是资金多元化的要求，然而社会捐助立足于公众捐资助学的意识发展，规模难以固定，而高校自有收入基于招生情况和学费标准，受客观因素影响也很大，因此政府财政投入是学生资助工作的定海神针，其主导地位不能动摇。第二，财政投入在增幅上应稳步提升，这是学生资助促进高等教育大众化发展的必要条件。经济发展模式的转变使得当今国家实力的竞争取决于人力资本的投入，确保教育公平是实现人力资本效益最大化的前提，因此国家对于学生资助的财政投入增幅不单单要“跑赢”高等教育成本的增幅，更要“跑赢”国民生活成本的增幅，这样才能使贫困学生真正获得教育公平。

为发挥财政主体作用，各级政府对高等教育学生资助的财政投入应受到法律规约。首先，从法律层面提高财政投入的占比。学生资助财政投入不单单要提高在资助资金总额的占比，也要提高在高等教育财政投入中的占比。目前中国学生资助财政投入主要根据各级资助管理部门上报的资助预算而定，而预算依据又源于各个高校的学生人数和困难生人数，从历年来财政投入始终徘徊于50%左右的资助总额占比可以看出，还有一半的资助需求没有得到政府财政的满足，因此中国贫困大学生教育公平的经济补偿之路还很漫长。此外，国外先进经验也证明，提高学生资助在高等教育财政投入中的比例，事实上是由资助高校转为资助学生，这有利于提升贫困学生的选择权，增加高校间的竞争。

其次，从法律层面提高财政投入的增幅。各级政府不单要提高学生资助的占比，还要让学生资助资金的增幅领跑高等教育发展，在新增经费中要体现对学生资助的倾斜。我国《教育法》对教育经费“递增式”① 投入做了规定，使得教育经费可持续性增长有了法律依据，但是各项法律对于学生资助的经费增幅却未作规定。可以极端地假设，学生资助经费与高等教育经费不成比例增长将使扩大的教育机会绝缘于贫困阶层，从而扩大教育不公问题。因此随着政府财政能力的增强，教育资源的扩大若不以教育机会公平为前提，则只会带来更大的社会不公。因此，在新增教育经费中提高学生资助的增幅是教育资源效益最大化的保障。

最后，建立财政投入的民主决策制度。某个领域财政投入的多少往往是这个领域利益相关者之间的政治博弈结果，而结果是否平衡与是否提供了有效的表达机制相关。学生资助经费属于政府公共支出项目，其具体占比和增幅的数字不可能体现在法律文本之中，往往随当年或上年度的财政情况而定。因此，如何在法律规定提高经费的要求下，实现增幅的最大化，并且不影响依靠财政投入的其他事业的发展，这需要通过有效的民主决策制度来实现。在这个民主机制里，与学生资助利益相关的政府部门、高校、学生及其家庭、社会团体等都能够充分表达诉求。当前中国高等教育学生资助范围的不断扩大正体现了民主机制的逐步完善，利益相关者尤其是弱势群体的声音能够更多地被倾听。

2. 建立引导型财政投入制度

公共产品的属性使得学生资助供给总是与需求不相适应，

---

① 《教育法》第七章专门规定了教育投入和条件保障的有关条款，第五十三条规定，国家建立以财政拨款为主、其他多种渠道筹措教育经费为辅的体制，逐步增加对教育的投入，保证国家举办的学校教育经费的稳定来源。第五十四条规定，国家财政性教育经费支出占国民生产总值的比例应当随着国民经济的发展和财政收入的增长逐步提高。

即使在高等教育最发达的国家，都不能说满足了每个学生的受助需求。因此，开拓多渠道的资助来源是对财政资助投入的有益补充。《教育法》第五十三条既确定了教育财政拨款的主体地位，也建立了多渠道筹资的体制。对学生资助而言，财政投入固然重要，但教育产出是社会的共享利益，这决定了教育公平不是政府一家的事情，社会各界、个人的力量应被充分地调动起来。政府多渠道筹措来源的作用就是要引导各方投入主体，统筹协调、形成合力。1999 年国家明文规定高校自有收入的提取标准，用以增益资助经费，此外还通过税收鼓励社会企业和个人捐资助学等有效的资金筹措渠道。可见，我国正在建立一个多渠道的学生资助资金来源框架。

为发挥财政投入的引导作用，应尽快将各种激励引导政策法制化。具体来说：一要建立明确的财政补贴、税收优惠制度吸引社会资本投入学生资助。当前社会组织、个人对大学生的捐助，理论上可参照慈善捐助的税收优惠，然而事实上大部分捐助者都没有享受到优惠，一方面享受公益性捐赠税收优惠的应税所得有最高额限制，这遏制了商业组织的捐助积极性；另一方面捐赠需获得民政部门或相关单位的收据方可抵扣，这种形式要件在实践操作中很难做到，尤其是中小企业对学生个体的直接资助，基本无法提供证明。二是要在学生资助的监督管理制度中涵盖其他投入主体。政府不仅要占据资助资金的主体地位，更要把握资助工作的管理权力，对于其他投入主体在学生资助事业中的角色与作用，以助学贷款为例，金融机构所提供的助贷资金占比达到 1/4，其对学生资助工作的影响十分明显，因此财政投入要发挥充分的引导作用，完善社会资金参与学生资助的监管法律制度，以处理好教育的公益性和市场的寻利性之间的矛盾。

二、高等教育学生资助的财政转移支付制度完善

“一旦失去约束，市场力量会把公立院校从一个公共服务提供部门转变为营利性部门”。[①] 高等教育的规模化发展并不意味着政府责任的减弱，学费改革减轻了政府财政压力，却没有豁免政府提供公共服务、确保社会公平的责任。相反，政府财政压力减轻的同时[②]，公众对其维护教育公平的政策及效果的关注度，和与日俱增的学费负担成正比。学生资助的目标是实现教育公平，因此通过学生资助合理分配资助资源，矫正中央与地方以及地区间教育资源分配不均也是政府的资助义务。针对这项义务，可通过财政转移支付制度予以规制。

（一）中央财政对高等教育学生资助承担主要责任

政策性原因使得公共产品的受益往往具有区域性的特征。全国政策和地方政策覆盖面的不同，将使得不同范围的公众获益，[③] 相应的是，各级政府也会基于公共产品的受益范围划分

---

① 詹姆斯·杜德斯达、弗瑞斯·沃马克：《美国公立大学的未来》，刘济良译，北京大学出版社 2006 年版，第 79 页。

② 从中国高校经费收入结构来看，财政性高等教育经费所占的比例逐年下降，从 1999 年的 61%下降到 2005 年的 45%，2008 年回升到 56%；与此同时，学费收入所占的比例起初呈现上升的趋势，从 1999 年 17%上升到 2005 年的 34%，然后回落，到 2008 年为 26%。1988 年以前，我国高等教育基本上是免费的，以后逐步经历了部分学生缴费、低收费、较高收费三个阶段。1999 年，高等教育经费中财政投入与学费百分比为 61%和 17%，至 2008 年这一比例分别为 56%和 26%，表明高等教育投入由国家包办走向国家财政与学生及家庭投入的“两极化”阶段。

③ 从公共产品的特性看，绝大多数公共产品都会受到地理和空间等因素的影响而呈现一定的受益区域性，这就是公共产品的受益范围。

各自的财政投入职责范围。① 根据这一思路，高等教育规模化发展目标是提升社会的整体人力资本水平，符合“社会整体利益”，中央财政应对教育财政承担举足轻重的作用。但改革开放以来，中国高等教育规模化发展带动了分权管理模式改革，财政拨款也随之改革，加上市场机制的引入等因素，地方财政力量越来越多地参与其中。地方财政青睐使本地人力资本受益更突出的地方高校，其设置的政策范围也更加巩固了地方院校在区域内的财政优势，因此在区域经济利益的驱使下，以及辖区内政府职责使然，地方政府也负担起了相当一部分高等教育发展成本。高等教育这一财政分权模式促进了国家教育的发展，加快了高等教育大众化进程。

随着地方财政投入的比例上升，越来越多的教育机会被提供，然而教育公平的前提在于每个合格的学生都能顺利进入大学，而不因经济原因辍学或放弃入学。这种前提则应该更多地由中央财政通过学生资助这一渠道来予以保障。原因在于：一是，教育资源区域间分配不平衡。高等教育的分权管理使得教育资源分配发生失衡。比如说，我国最好的高校集中在地区经济发达的东部，区域经济优势确保地方政府有足够的财政能力支持教育，而这些高校因为历史发展优势，也更容易争取到中央财政支持。教育财政结构的改革导致地区间教育资源配置不均衡。在这种情况下，如果依然由地方财政对学生资助占主导地位，那么可以想象区域间的差距会被继续拉大，优秀学生更

---

① 全国性公共产品的受益范围基本上等同于整个国家的疆域，全国居民都可受益，其提供由中央负责；地方性公共产品的受益范围为地方行政区域，只有本地居民才能受益，主要应由属地政府负责。在全国性公共产品和地方性公共产品之间，还存在一种跨区域的公共产品，其受益范围为一国之内的多个行政区域，其提供由中央和地方政府共同负责。

愿意奔向既有经济前景又无后顾之忧的经济发达地区高校，进而提升该地区人力资本水平，最终更加促进该地区的经济发展，再增加投入教育资源，如此周而复始。地区间的不平衡只能由中央政府进行干预协调。二是教育人口区域间不平衡，在校生人数占最大比重的中部地区承担了与本地区经济发展水平不相适应的财政负担，在人才流动的今天，这种付出不能收获应得的人口红利，区域内教育收益与教育投入不成正比，非均衡的经济发展水平导致不均衡的财政结构，有可能造成地区高等教育资源的占有产生强者愈强、弱者愈弱的“马太效应”。打破这种不平衡依然是中央政府才能担当的角色。

现代财政制度建设必须有利于促进社会公平目标的实现，其具体设计应与经济发展相适应，体现在高等教育领域就是经济增长的成果能够促进实现教育公平。针对我国现阶段高等教育地区间、高校间发展不平衡而带来的教育不公现状，国家作为社会人力资本整体利益的提升的受益者，应该为协调地区高等教育资源差异，维护公平“买单”，这是中央财政负担公共服务的责任。高等教育学生资助作为实现教育公平的重要财政政策，其本质上必然是由中央政府负主要责任的资助制度。因此，财政转移支付这一弥补地区间财政能力差异的重要手段，是平衡地区间学生资助财政能力的重要制度。①

（二）完善财政转移支付制度的具体路径

财政转移支付制度是通过上下级转移解决中央与地方财政间的纵向失衡，和平级间转移解决区域财政间的横向失衡两种

---

①　刘天佐：《完善我国高等教育财政拨款体制的思考——基于美国与日本高等教育财政拨款体制的启示》，载《江苏高教》2006年第6期。

方式，实现政府提供公共服务均等化、调节收入再分配和实现政策目标的重要途径。在高等教育领域，这种制度体现了对经济欠发达地区的支持。基于中央财政对高等教育学生资助支持的重要地位，学生资助的财政转移支付制度完善主要针对中央财政对地方的转移支付制度，包括增加转移支付规模、优化转移支付结构、加强专项转移支付管理等。重点在于解决中西部地区教育财力资源不足问题，减轻地方政府压力，促进地区之间协调发展，进而实现教育公平的整体目标。

1. **建立专项财政转移支付制度**

调节地区间财政能力平衡的通常为一般转移支付制度，而高等教育学生资助因其公共产品的特性，以及实现教育公平的重要功能，应作为专项资金，因此建立学生资助的专项财政转移支付制度有其必要性。目前中国的财政转移支付法律体系还很不健全，对于承担最高层次人力资本提升服务的公共领域，高等教育的财政转移支付制度距离保障服务均等化目标还势单力薄。而从高等教育本身来说，学生资助是财政一般性资源转化为教育资源的媒介，是其实现服务均等化的重要途径，因此，针对学生资助的财政转移支付更多地应该采用专项资金的形式。一方面，专项转移支付资金使用更加严格，地方政府不能自行改变资金用途和金额，这有助于学生资助目标的实现，避免层层截流，步步卡油；另一方面，专项转移支付并不以提升地方政府可支配财力为目标，而是为了实现特殊领域的国家政策目标。因此学生资助的专项财政转移支付对于解决区域教育资源不平衡问题更有针对性。

2. **优化财政转移支付结构**

美国教育学家肯尼斯·威尔逊提出，教育改革的本质应该是持续不断地重新规划的过程，改革应始终将愿景规划和革新机制集为一体。①高等教育学生资助不断变革的本质，也正是对一种以实现教育公平为目标的财政调控的持续革新，在这一革新过程中，其核心问题——经费规模不应是固定不变的，而应根据形势的变化不断调整，使各主体能够适应外部环境的变化与发展。

优化财政转移支付的结构能够促进这一目标实现。一是要制定配套转移支付的动态平衡机制。在美国，配套转移支付被作为动员地方财政投入学生资助领域的重要途径，在现实中也发挥了重要作用。然而国体的区别使得美国各州在财政上的独立性强于中国的地方财政，联邦政府更需要配套转移支付这一“钓鱼”方式，促使州政府加大对学生资助的投入。中国的地区间经济发展差异很大，加之财政法律规范不健全，许多转移支付项目分配额度“唯配套论”，以地方配套为分配标准，地方为争夺财政资金反而挤占了原本有限的可支配财力，这与制度本身的设计用意大相径庭，因此建立转移支付的动态平衡机制是符合中国本土化改革的有益探索。二是要制定转移支付项目类型的动态平衡机制。学生资助是以高等教育服务均等化为目标的，而均等化的判定范围应界于一国之内，并非一省之内或某一地区之内，因此有必要在实施财政转移支付时注意纯区域利益的项目支出，根据“谁获益、谁买单”这一原则，地方财政理应承担更多的责任，这样才能确保财政资金从国家的视角，更多地用于平衡教育资源配置和提高经济弱势群体受教育机会。

---

①　肯尼斯·G. 威尔逊、贝尼特·戴维斯：《全是赢家的学校：诺贝尔奖得主对美国教育改革的洞见》，王建华、祝东枚、杨桦译，机械工业出版社2005年版。

三、高等教育学生资助的绩效评估制度完善

政府是国家的代表，从理论上说也是社会利益的代表，出于对政府权责的监督，公众一直试图寻求一种有效的评估机制，以确保政策没有背离公共利益，以及其中不存在权力寻租的弊病。在公共管理领域，结果导向的政府绩效评估制度受到越来越多的认可，高等教育也涵盖在内。从目标向结果的评估依据改革，目的在于明确政府的公共责任，重心应该是对纳税人所希望的结果负责，而非只注重从纳税人那里拿钱，并控制此类开支的过程。一直以来在教育领域的结果导向改革鉴于教育结果评估因素的复杂性，而始终以比较平和且模糊的表达描述，比如“提高教育质量”或“保障教育公平”等。但随着信息技术和统计方式的改进，教育结果的评估已经成为可能，政府的教育目标也上升为追求教育对象都达到教育标准的结果公平目标。

高等教育学生资助作为公共财政政策，其绩效结果如何当然地受到纳税人，尤其是经济弱势群体的关注。中国自 2007 年起，每年发布全国学生资助发展报告，就是政府对绩效的自我评估，是对社会关注的回应。绩效结果影响公众对政府的信任度，符合公众预期的结果是维持社会长治久安的定心剂。绩效评估的评估主体、标准、程序等制度对结果的得出有着重要影响，应该具有客观性、中立性和预见性的基本要求。建立高等教育学生资助的政府绩效评估制度，就是要依法对一定时期内的资助政策从结果评估的角度判定财政投入成本与社会效益产出之间的比率，也就是学生资助财政是否促进了与之成比例的教育公平利益实现。

（一）从机会公平到结果公平的评估理念嬗变

美国的高等教育学生资助体系一直是各国效仿的典范，其资助理念的演变革新体现了政府财政政策顺应高等教育规模化发展的需要。市场机制引入高等教育领域初始，联邦政府即将“实现教育公平”作为学生资助财政政策绩效评估的理念，国会通过《教育巩固与促进法》等法案，推动促进教育公平的财政转移支付制度实施。随后，联邦政府开始关注教育财政的公平与充足问题，通过学生资助政策的引导，一定程度上改善了各州间教育经费的差异。在此之前，联邦政府主要关注经济弱势群体学生教育机会的公平，① 从某种意义上来说，机会公平是过程公平和结果公平的前提，这也确实促进了低收入阶层与其他阶层的教育融合。

机会公平在 2001 年被更为全面和先进的理念所替代，当年美国国会通过《不让一个孩子掉队》法案，标志着美国教育财政政策理念开始转向追求“教育结果公平”，《大学成本降低与机会法》将助学贷款的还款条件与毕业生选择的职业和获得的薪资相联系，标志着高等教育领域机会公平向结果公平的政策导向变革，2010 年的《卫生保健和教育协调

① 比如 1994 年美国国会通过《2000 目标：美国教育法案》后，1995 年联邦政府投入了 90 多亿美元，用以支持州和地方政府为实现教育目标而采取的改革。但联邦政府对地方政府如何进行改革以及学生学业成就如何并没有做出具体的要求。

法》进一步扩展了这种理念。① 这种理念的革新同样影响到了高等教育学生资助政策的理念嬗变，也使相应的政府绩效评估理念发生转变。

（二）完善绩效评估制度的具体路径

1. 建立第三方评估机构

就目前中国整体的政府绩效评估工作来看，体系尚未健全，制度也不完善，大部分绩效评估囿于政府内部行为，属于政府上级考核下级的一种管理方式。这样一来，绩效评估最重要的问责与监督功能无法发挥，使公众参与社会治理的程度受到影响。笔者认为，像学生资助这样的“民生”工程，有必要引入第三方评估机构对政府绩效进行独立、客观地评估。原因主要是：

一方面第三方评估机构更为专业。近些年，学生资助的绩效评估皆由各级学生资助管理机构组织实施，从实际层面操作，由于这些管理机构掌握更多的政策数据，高校也更容易提供学生数据给他们，因此评估工作会更加快捷顺利，但是评估报告的内容往往局限于数据的简单统计和公布，数据背后隐藏的教育公平实现与否却没有呈现出来，公众从报告中只能看到政府花了多少钱，做了多少事，却对效果一无所知。而第三方评估机构具备更专业的分析方式，也更专注于数据蕴含的逻辑剖析。另一方面第三方评估机构更为客观。学生资助的结果评

① 《大学成本降低与机会法》规定从事公共服务工作的贷款人，法律将赋予其助学贷款豁免的权利；《卫生保健和教育协调法》则规定封顶偿还计划的偿还额不能超过毕业生可支配收入的10%，而且借款人符合依法保持还款的条件，则将在20年后豁免贷款余额，从事公共服务工作的将在10年后被豁免贷款余额。

估需要大量来自学生、毕业生及其家庭的数据，这是资助管理机构和高校都很难完成的庞大任务，第三方机构则能够确保数据数量充分和采集的随机性、客观性。

因此，高等教育学生资助绩效评估制度应从法律层面确定第三方机构评估机制，并对第三方机构的选择条件、选择程序、相关责任等进行规范。

2. 法定评估原则

高等教育学生资助的绩效评估原则应符合本国高等教育的价值取向，也应对规制高等教育学生资助的各项法律制度发挥指导作用。主要原则应该有：一是客观公正原则，在该原则指导下评估制度应对评估主体的选择标准、确定程序进行规定，以确保评估中立，依法确定评估指标，避免指标的主观随意；二是民主公开原则，评估过程应吸纳社会公众参与，加大评估公开，增强评估民主；三是安全保密原则，评估数据涉及大量学生及其家庭在较长时间内的隐私，应该在数据准备、报告制定、报告公布等环节中，注意安全保密的把握；四是指导政策原则，经过法定程序由法定主体得出的评估报告应该要反映政策实效的真实情况，更为重要的是，应该依法确定政府决策过程中评估报告的指导地位，使政府在政策完善中充分关注报告所体现的问题。

3. 法定评估指标

绩效评估指标是评估行为从哪些方面对政策效果的情况收集，指标的设计决定了报告内容的呈现重点，因此评估指标本身的选择就是一个公众参与社会治理的过程，因此法律应规定评估指标确定的基本程序与范围，建立民主决策机制，充分发挥指标对评估内容的合法引导作用。基于当前我国高等教育学生资助的政策理念，结合高等教育发展现状，基本指标应涵盖几个方面：

一是制度建设情况：主要评估各省级单位是否结合国家资助政策内容制定本省的政策实施意见以及详细的贫困生认定办法；二是政策落实程度：主要涵盖中央财政占绝对比重的国家助学金、奖学金和助学贷款方面，还有学校提取事业收入用于学生资助情况；三是资金管理考核：针对各级财政主体考核资金的配套、拨付与使用情况；四是资源配置情况：也就是中央财政与地方财政，以及高校自主收入负担学生资助的比例，借以评价政府投入是否起到缩小差距、调节差异、促进均衡的作用；五是资金使用效率和效益的评价：主要是各地区学生资助资金的使用效率，分析学生资助与教育机会公平（入学率）和教育结果公平（就业质量）的效益体现。

四、高等教育学生资助的法律责任制度完善

高等教育学生资助法律关系主体违反法定或约定义务，或者因权利（力）不当行使而产生的不利后果，应受到法律的追究，这就是学生资助的法律责任制度。基于中国高等教育学生资助法律制度的不完善，相关法律责任制度更是无从谈起，《高等教育法》这一基本法也未对法律责任有所涉及，这脱离不了教育基本还是政府所提供的公共产品这一因素，中国“大政府、小社会”的传统思维，使得法律在涉及政府管理的领域，责任的追究机制总是瞻前顾后。用于高等教育学生资助资金已近千亿元，受助学生数千万人，其资金数额大、影响面广，并且还肩负了实现教育公平的社会责任。因此有必要尽快完善相关法律责任制度，一种途径是出台《高等教育学生资助法》作出专门规定，另一种途径则是在教育、财政相关法律制定或修订中予以关注。如前所述，高等教育学生资助法律关系主体包括政府、各级资助管理机构和学生三方，其在法律关系中的责任分别是：

（一）政府

政府是高等教育学生资助法律关系中的主导型主体，其拥有重要的学生资助财、事管理权力，同时也承担着主要的资助义务，政府不积极推动学生资助事业发展，或者借学生资助之名，为超越收入再分配权限行为之实，损害其他经济主体合法权益时，都应该要承担相应的法律责任。

各级政府在学生资助上的法律责任分为两个部分：一是各级政府的财政责任，这是最核心的部分，也是以法律强制力保障学生资助财政来源的意义所在。比如是否依照法律规定足额按时地拨付资助资金，是否依法提高资助资金的比例，是否履行政府在教育资源配置中的引导作用与合理干预职能等。在现行法律制度中，《预算法》对政府财政法律责任作出规定，如第九十二条、第九十三条对各级政府及有关部门的单位责任进行界定，确定了违法报送预算、违法改变预算用途等行为的行政责任，第九十五条则对相关工作人员的行政责任作了规定。①

---

① 《预算法》第九十二条规定："各级政府及有关部门有下列行为之一的，责令改正，对负有直接责任的主管人员和其他直接责任人员追究行政责任：（一）未依照本法规定，编制、报送预算草案、预算调整方案、决算草案和部门预算、决算以及批复预算、决算的；（二）违反本法规定，进行预算调整的……"第九十三条规定："各级政府及有关部门、单位有下列行为之一的，责令改正，对负有直接责任的主管人员和其他直接责任人员依法给予降级、撤职、开除的处分：（一）未将所有政府收入和支出列入预算或者虚列收入和支出的……（四）违反本法规定，改变预算支出用途的；（五）擅自改变上级政府专项转移支付资金用途的……"第九十五条规定："各级政府有关部门、单位及其工作人员有下列行为之一的，责令改正，追回骗取、使用的资金，有违法所得的没收违法所得，对单位给予警告或者通报批评；对负有直接责任的主管人员和其他直接责任人员依法给予处分……（二）以虚报、冒领等手段骗取预算资金的；（三）违反规定扩大开支范围、提高开支标准的；（四）其他违反财政管理规定的行为。

《教育法》第七十一条更是直接明确了各级政府负责人对教育经费核拨的法律责任。[①] 可以说《预算法》《教育法》的责任制度是学生资助政府财政法律责任的重要依据。二是各级政府对财政资金使用的管理责任，政府除了依法对学生资助提供财政支持外，还必须承担对资助资金使用的监督管理责任，一旦有关单位和个人违反法律规定，违法使用资金，比如截流、挪用资助款项，虚报人数套取资助资金，审核受助资助渎职等行为，政府也应该承担相应的法律责任，并通过刑法、民法和行政法等现有法律制度渠道予以规定。

（二）各级学生资助管理机构

在中国，各级学生资助管理机构是具有独立法人资格的事业单位。[②] 国家设立专门的学生资助管理机构。各省市也根据国家要求，基本上设立了地、市、县三级学生资助管理中心，这些中心承担着参与学生资助政策制定、落实政策措施、指导监督下级单位和高校资助工作等职责，是学生资助法律关系中的辅助性主体。各级中心在学生资助事务范围内执行政府的治理规则、实现政府的治理意图，属于辅助学生资助工作落实的机构。各级中心从归属上应向同级政府教育部门负责，并接受上级中心和全国学生资助管理中心的业务指导。从学生资助的

---

① 《教育法》第七十一条规定："违反国家有关规定，不按照预算核拨教育经费的……情节严重的，对直接负责的主管人员和其他直接责任人员，依法给予行政处分。"

② 1999年9月，经中央机构编制委员会办公室批准，全国学生贷款管理中心成立，作为国家助学贷款部际协调小组的日常办事机构设在教育部内。2006年2月，为进一步做好资助家庭经济困难学生工作，经教育部党组研究并报中央机构编制委员会办公室批准，将"全国学生贷款管理中心"更名为"全国学生资助管理中心"，具有独立的事业单位法人资格。

具体工作上看，其一般不直接与学生发生资助法律关系。

各级学生资助管理机构承担着国家政策落实的媒介，是高校与政府部门之间的桥梁，也在资助工作中承担着重要的职责。而其法律责任的承担基于行为性质多为行政法律责任，对上是被管理角色，对下是管理主体和服务主体，当自身或下级单位违反管理制定时，就要承担行政法律责任；此外，各级中心还承担着公益服务的功能，① 因此服务过程中的契约责任则属于民事法律责任规约范畴。

（三）学生

学生也是高等教育学生资助法律关系中的主体，也同样需要承担相应的法律义务，作为学生资助的被动接受方，和受助群体的主动诉求方，学生在行使受资助权利和履行义务时同样要严格依照法律规定，违法行为同样要承担法律责任，并不能因其大学生的特殊身份给予豁免。本着资助育人的教育理念，在法律设计中应该加入学生所承担的法律责任。

高等教育学生资助法律的设计初衷就在于实现学生资助政策利益的最大化，使资助福利能够覆盖到真正需要它的群体，实现社会教育公平的理想目标，那么作为受助方，理应为制度的顺利实施承担相应义务。界定学生主体的资助法律责任范围首先要明确所承担的义务范围。第一，确保资助制度顺利运行的义务，这体现在学生有义务确保资助工作的秩序性，具体来

① 一方面，各级学生资助中心以广大受助学生为服务对象，根据有关政策为其提供教育资助，这体现了其公益性；同时，各级中心还要承担国家学生资助政策的宣传、咨询工作，各项资助工作的规划、预算工作，与银行等单位沟通协调工作，各项资助金的申请、审核、发放管理工作，下级中心的监督指导工作等等。

说就是要依法申请、依法证明、依法领取，比如说以合法途径向适格主体申请资助补贴，按照制度规定申报家庭经济情况，提供合法的个人账号领取经济补贴等。第二，确保资助效果实现的义务，这一义务基于学生资助的公共利益属性，作为对纳税人买单的回馈，学生有尽力获取更好的学习成果，尽力提升个体的综合能力，以及在力所能及的情况下积极回馈社会的义务。这些义务并不是对贫困学生获得补助横加设置的障碍，也不是经济补贴的对价，而是确保受助必要性的一个准则，同时也是一项督促学生能够全力投入到自我能力的提高中去，以获得改善自己的生存状况能力的激励机制。

在实际资助工作中，受助学生弄虚作假、冒领补贴等违规行为和奢侈消费、不思进取等不益行为时有发生，从市场思维来理解，经济个体总是希望以低成本获得高收益，尽管有时会冒着一定风险。因此，法律责任的设计十分重要，当违法成本大于利益所得时，违法可能将大大降低。为受助学生设计法律责任制度，就是使其权利受到规约，增加诚信意识和社会责任感，这也是法治育人的一种途径。

（四）法律责任的追究程序完善

法律责任的追究程序应与责任种类相符合。在市场经济条件下，越来越多地高等教育的管理模式引入了市场思维，契约管理的精神也逐渐渗透进学生资助管理领域，例如助学贷款的合同签订、家庭经济困难认定的承诺书等，都在一定程度上引入了民法精神，因此民事诉讼制度在学生资助发生在平等主体间的利益冲突时可以适用。另外，基于学生资助是政府调控高等教育市场经济的财政行为，期间必然需要通过行政管理手段实现政策目标，因此在行政管理过程发生的利益冲突应该适用行政诉讼程序。这些在现有的法律制度中皆有依据。

然而高等教育学生资助因所植根的特殊经济基础，即高等教育的市场性和公益性并存，其所维护的利益也兼具经济性和社会性的特点，因此建立公益诉讼制度有助于特殊群体维护集体权利。对学生资助的目标群体而言，其权利既有个体的特征，也有整体的特征。民事诉讼和行政诉讼通常只能实现个体正义，而要实现群体普遍正义，则需突破传统诉讼模式，建构新的诉讼机制，公益诉讼是一种较好的选择。

第四节 中国高等教育学生资助法律研究的其他关注点

一、积极促进学生资助资金可持续发展

如上所述，学生资助资金的来源主要有国家财政拨款、高校自有收入提取、资本市场对助学贷款的投入以及社会与个人的捐款等。从市场效率的角度来看，目前大量的资助资金没有发挥其最大效能。

主要原因在于：财政拨款的资金性质属于政策性资金，其来源于国家财政也就是全体纳税人，高校自有收入提取及助贷金性质也相当于准政策性资金，它们的“公共性质”决定其使用必须合法和安全；社会与个人的捐款要么直接给予学生本人，要么进入高校账户，按照捐款协议给予学生。因此，大量资金基于法定或约定的原因，停留在高校或资助管理中心账户中，除了下发给学生外，在目前的法律框架内不可能有其他流向。以一个中等规模高校为例，若在校生约10000人，每年学费收入预计5000万，提取10%就是500万，加上每年的社会

捐助，上百万资助资金是显而易见的。银行活期利率0.35%相较于最稳妥的商业运作收益来看都是微乎其微的。

对此，笔者大胆地设想，能否利用公益信托制度改革推动我国高等教育学生资助的资金运作模式。公益信托，顾名思义是以公共利益为目的的信托。中国大陆《信托法》则没有通过专门的条文对公益信托进行定义，但是列举了相关主要的公共利益种类。① 公益信托存在以下优势：一是设立、运行成本低，信托财产可从事营利性活动，使其增值；二是运作方式科学、委托人受到保护，信托制度赋予受托人更大的处分权利，有助于信托财产的增益，同时信托目标约束受托人的行为方向，确保其行为有益于信托财产；三是公益信托依法设置信托监察人，并且监察人拥有独立诉讼资格，能够更好地行使法律保障；四是灵活性强、弹性空间大，其在受托人、受托规模等方面没有过多的强制规定。

在学生资助方面，以社会捐助为例，目前我国的社会捐助通过基金会，而基金会运行中存在成本费用过高、营私舞弊较为严重等问题，公益信托为社会捐助教育特别是高等教育提供了新的选择。比如，在许多高校中普遍存在各种社会奖学金，通过以学校作为受托人，受奖学生为受益人的方式运行，方便易行、效率较高，而且安全系数较高。另外，高校自取资金亦可以通过公益信托的方式提升资金效率。相信随着公益信托相关配套制度的完善，特别是税收优惠措施的落实，各类资金通

---

① 《信托法》第六十条规定："为了下列公共利益目的之一而设立的信托，属于公益信托：（一）救济贫困；（二）救助灾民；（三）扶助残疾人；（四）发展教育、科技、文化、艺术、体育事业；（五）发展医疗卫生事业；（六）发展环境保护事业，维护生态环境；（七）发展其他社会公益事业。

过公益信托资助学生的方式将得到广泛采用。

二、规范认定高等教育学生资助对象

高等教育学生资助的理念是提高帮困资金的使用效率，尽可能让有需求的群体都能享受到国家与学校的资助，反之就是没有真实需求的群体不应该享受到这样的资助，因此，对于资助对象的认定是所有学生资助工作的基础。在实践中，我们称之为家庭经济困难学生认定，而这类群体的认定一直是高等教育学生资助的难题，一是在法律上没有认定的依据，二是在实践中操作具有复杂性。

在高校困难生认定的实际操作程序中，往往仅考虑单一的家庭收入情况，而缺乏量化指标，仅凭高校工作人员反映困难生的情况，或者通过集体评议的方式核实困难生的家庭经济情况，这些方式都过于主观臆断和片面。目前高校通常采用的认定方式就是单纯地考虑学生家庭收入高低，这样在操作上较为便捷，标准统一，好把握。但是问题也同样突出，一是单一的收入水平并不能完全地反映学生的困难情况，因为除了家庭收入这一个指标，家庭的突发变故，也会造成困难的情形；二是收入高低的证明材料在审核过程中难度重重，所谓的民政部门对家庭收入情况的证明在各地区审核力度松紧不同，大多存在随意性强、缺乏客观证明依据的情况。

笔者曾承担过上海市教委高校资助工作特色项目的研究，就是关于困难学生科学化认定指标体系的设计，这是一套相对比较系统的困难生科学化认定三级指标体系：一级指标主要考察困难生的家庭收入因素；二级指标主要考察困难生的家庭支出因素，以及突发性事件导致家庭经济损失；三级指标主要考察困难生的受资助情况因素。目前这一指标体系已经在高校中应用，虽然还存在不足，但是可以为学生资助立法中资助对象认定方式提供借鉴。

采用复合型的公式测算学生经济困难水平也是国外的通用做法，以美国为例，美国资助办开展高等教育学生资助工作的基础是准确的资助需求量数据，计算路径就是依照学生家庭财务报表套用需求量公式得出个体高等教育成本，① 其实也就是认定该生是否需要资助，这与中国的家庭经济困难学生认定性质是一样的，只是指标更为多样化。根据指标体系，我们可以判断哪些对象是实际上需要资助的，也可以推断其需要资助的具体形式和额度。总体上可以认为，困难认定体系和标准的确立与资助对象选择存在密切关联，这两者的确定影响并反映了政府干预这种再分配经济关系程度的大小。

在制度规范设计中，需要注意处理以下三个方面的问题：

第一，资助对象应该以贫困学生为主。虽然前文对“反向歧视”的负面影响有所述及，但从教育公平的角度来说，高等教育学生资助法律本身就是为了应对在学费改革后出现的教育机会不平等问题的，因此，资助对象仍应极大的关注经济弱势群体。另一方面，在可能的情况下，也可以适当地考虑对更多收入阶层的覆盖，当然这种覆盖则不应该占用资助资金。比如美国《中等收入家庭助学金》法案中规定，中等收入家庭学生同样可以申领助学贷款，只是不享受免息或低息待遇。

---

① 学生计算高等教育成本，一个学生的高等教育成本主要由五项因素组成，其计算公式是：高等教育成本 = 学杂费 + 书本文具费 + 食宿费 + 交通费 + 其他。学生家庭计算家庭预期贡献，家庭预期贡献是指学生家长根据家庭收入、财产积蓄、家庭成员健康状况等因素综合决定的，其计算公式是：预期家庭贡献 = （家庭收入 + 财产 + 学生个人积蓄） - （平均生活开支 × 人口）。

第二，加强客观的标准，减少主观评价。对于资助对象的圈定应该主要是一个客观的标准，而不应该是一个主观的评价，更不是一种价值判断。目前我国绝大多数高校都采用了民主评议的认定方式，从教育的角度来说是可以理解的，然而在法律层面却很难找到评价依据，也不可能对主观评价制定依据。基于当前社会征信体系的不完善，民主评议作为一种弥补措施发生作用，而相关规定均以描述性语言而非客观量化指标进行规范，① 这说明了民主评议这一方式的主观性和复杂性。资助对象的认定将会由此受到经济因素以外过多的主观因素干扰，例如人际关系、价值理念、民族宗教等。解决这一问题除了加快国家税收体系、征信体系的建设，当务之急是完善民主评议相关的程序设计，比如规范评议的公开公示、申请人的申诉、滥用评议权利的追责等。

第三，建立正常的退出机制。学生资助机制的启动依赖个人的申请，基于经济人的自利性动机，大多数困难学生能自主地进入机制发挥作用。而资助对象的退出机制则依赖于相关监管部门的动态调查才能决定。由于资助资源的公共物品属性使其使用与否与监管者个人利益无关，因此不能激发监管者的主观积极性去及时剔除不符合资格的人，从而造成有限资助资源的浪费。因此，应该在法律制度中强调资助对象资格复查、抽查的频率与方式，对接退出机制，提高国家

---

① 《教育部、财政部关于认真做好高等学校家庭经济困难学生认定工作的指导意见》要求："认定评议小组负责认定的民主评议工作……以学生家庭人均收入对照学校所在地省级教育、财政部门确定的认定标准，并结合学生日常消费行为，以及影响其家庭经济状况的有关情况，认真进行评议……认定评议小组进行民主评议时应着重考虑孤残学生、烈士子女，以及家庭成员长期患重病、家庭遭遇自然灾害或突发事件等特殊情况的学生。"

资助资金的使用效率。

三、完善高校内部学生资助实施细则

2015年，一则“因穿耐克鞋被取消助学金”的网帖引发热议，社会各界对贫困生的同情基本是一边倒的态势，“贫困生该有贫困样子”的资助观念受到质疑，作为资助工作的重要主体——高校，其取消学生助学金究竟是无奈之举，还是“无法”之举？公众开始置喙高校学生资助工作的规范性。

给予或取消助学金的依据究竟何在？一双耐克鞋、一顿必胜客、一只苹果手机与获得资助是否有关？这是贫困大学生的疑问，也是舆论对于资助资金能否合法使用，用于应用之处，给予应得之人的关注焦点。随着社会意识形态的变革，公民权利发生了从无到有，从不尊重到被保护的转变，资助贫困学生的观念随之更新，从最初基于“人情”帮扶寒门学子，如《红楼梦》中的贾雨村获甄士隐“知其抱负，赠银予他赶考”，逐步发展到法治社会当下，国家基于社会责任所提供的公民权利保障。

从“人情”上看，或许一边领取补助一边身着名牌，确实无法与捐助者施惠的心理想象相符，但是从“权利”角度出发，当国家用纳税人的钱保障每位公民享有同等教育权利时，则更应该关注受助标准和依据是否与制度规范相符。美国作为高等教育发达国家的代表，其通过制定一系列法律规范，建立了一套与本国高等教育发展水平相适应的高校学生资助体系，以维护教育公平需求，体现政府对教育发展的主体责任。比如在美国《1965年高等教育法》中明确规定将学生家庭经济情况作为受助的重要评估指标，并对资助方式和标准做出基本的界定；联邦法律通过授权的方式，要求高校必须制定具体

的评估细则和发放依据；此外，美国贫困学生受助需求是经由法定公式计算出来的，公式中有关学费支出、生活成本和家庭经济情况等影响因子亦是依法确定。通俗地说，如果法律将购买耐克鞋列入受助影响因子中，那么该行为就会影响受助情况，反之则不能影响。由此可见，美国高校学生资助的成功之处在于以法律形式规范具体工作的实施。

既然补助可以随意取消，就存在任意发放的危险，如何确保国家这项民生工程落到实处？这需要更多地反思制度上的缺失并予以完善，要制订合情合理的规范并依法执行，才是避免同类事件再次发生的根本所在。因此，教育部在《学生资助中期评估报告》（2015）中明确提出“应该加快学生资助立法”，强调以法律形式规范学生资助工作。我国现行法规中有关高校学生资助的最高层面法律是1999年颁布的《高等教育法》，时隔长远并且偏重原则性规定，在其之下是国务院颁布的行政法规以及分别由教育部、财政部、央行等出台的规范性文件，存在法律位阶不高、不成体系、充斥大量政策性规定等问题。“取消助学金依据何在？”这一问题基于现行法律制度体系而言，确实缺乏可以量化的标准和明令禁止的规定，在承担实际操作的高校里，也存在认定标准不统一，资助条件不清晰，以道德要求代替制度要求的普遍现象，因此取消学生助学金的确是高校的“无法”之举，然而此“无法”却并非出自高校本意，而是无法可依。

越来越大的舆论压力和社会关注度是对我国高校内部学生资助实施细则合法合规完善的敦促，“九层之台，起于垒土”，资助工作规范化必是一项系统渐进的过程，在此过程中至少应该关注两点：

其一，始终强调“教育公平与资源效率”的完善前提，这是由高校学生资助的制度源起决定的，是由政府维护教育公平的职责决定的。无论是最初的无偿资助（助学金）还是后来发展出的有偿资助（助学贷款），目的都是提高低收入阶层的商品（高等教育）购买力，以解决学费开支与经济困难的矛盾，进以确保任何收入阶层的学生都有公平的受教育机会，因此法律完善必须围绕实现教育公平这一根本要求。此外，提升教育资源使用效率也不能忽视，国家财政并不富裕，高校学生资助是一种教育资源，理应追求效益的最大化，在完善过程中要根据国家财力，正视学生资助整体资金和教育成本补偿需求的差距，在明确政府应该不断加大资助力度的同时，更应该细化资金使用规则以发挥最大效益。

其二，完善的重点在于实现精准资助。要实现公平与效率，就要把握认定资助对象这一工作环节的规范性，这是精准资助的前提条件。如前点所述，认定资助对象是所有高校学生资助工作的基础，而实践中却面临缺乏法律依据的操作困难。至少应从三个方面进行规范化的完善：首先是根据权责相一致原则，从法律层面而非政策层面赋予高校制定认定资助对象细则的权利，目前有的高校直接援引政府机构的规范性文件，看似符合规范，但是忽略了地区之间、甚至是高校学生结构之间的差异性；其次是依法划定认定依据的范围，比如若法律规定将消费水平作为认定依据，那么高校就应该在该项下制定符合本校学生特点的认定细则，反之就不应该将消费水平作为评判标准，这样可以避免各个高校认定依据的不统一，否则有些紧盯学习成绩，有些抓住穿戴不放，还有些动辄用思想不进步的大帽子影响认定结果；最后是要确保高校认定资助对象的程序规范，比如明确规定高校在颁布认定细则前应经过民主公开的评议程序，要充分听取学生的意见，另外法律还应该对高校认定资助对象程序中的关键环节进行规范，如公示程序、提出异议的处理程序等。

四、创新高等教育学生资助育人机制

作为一项重要的民生工程，高等教育学生资助既体现政府对大学生学习生活的物质帮扶，更是国家对公民受教育权的宪法保障。政府重视、民众关心，推动高等教育学生资助工作不断规范，并且超越经济帮扶的物质层面，逐步成为高校育人的重要环节。

（一）高等教育学生资助育人的功能诉求与制度瓶颈

1. 资助工作在高校育人方面的功能渐受关注

党的十八大报告明确提出“把立德树人作为教育的根本任务”，这一重要的理论创新为新形势下加强和改进高校德育工作指明了努力方向，提出了新的要求，那就是：高校的首要任务是培养人。美国著名教育家约翰·杜威的实用主义教育理念提出：“道德是教育的最高和最终的目的。”，他主张“在活动中培养道德品质”，根据这一观点，学校各类学生事务管理过程，都应该融入道德教育，学生资助也不例外。现实也正是如此，越来越多的高校将育人目标融入资助工作，将资助效能的体现更多地与育人成效相关联。

2. 功能诉求与制度瓶颈的冲突日益凸显

习近平在中央扶贫开发工作会议上强调，消除贫困、改善民生、逐步实现共同富裕，是社会主义的本质要求，是我们党的重要使命。回归高校，学生资助理念陈旧、思维固化和制度瓶颈的问题仍日益凸显。“授人以鱼，不如授人以渔”、“鱼渔兼授”等资助理念众说不一；“只要把帮困资金用在学生身上就行”的简单管理思维限制了育人功能的复合性和可发展性；还停留在发放标准层面的资助规定让育人功能后继无力。

3. 法治思维是将高等教育学生资助育人功能切实发挥的保障

如何在当下把握深化高等教育综合改革契机，以立德树人和遵循法治思维方式为突破口，围绕高等教育学生资助育人机制创新重点，切实转变高等教育学生资助的传统模式，建立健全资助育人长效机制，进一步加强和改进高等教育学生资助于大学生思想政治教育的针对性和实效性是高校教育工作的努力方向。

（二）法治思维贯穿于高等教育学生资助育人机制创新过程之中

法治思维是什么？从法律层面理解，“法治”是机构对某些原则性社会秩序的服从；从社会治理层面理解，是管理权威对既定规则的服从。亚里士多德将“法治”区分为两重含义：一是既有法律规约下普适性的服从；二是对该法律本身的良法要求。在此基础上，“法治思维”可以理解为管理者在法律环境中，运用法律范式如规范、原则、理论与逻辑等，对问题对象进行综合分析、情势判断、客观推理，并借以形成结论或决定的思维认识。从“人治思维”到“法律思维”、再到“法治思维”，是我国治国理政方式的历史嬗变，也是社会转型期治国理政的应然向度，① 其是与“人治思维”和“权力思维”相对立的一种思维方式。

1. 法治思维蕴含着底线、规则、权利三个维度

法治思维的主体通常是公权力拥有者或行使者，其标准是

① 江必新. 法治思维：社会转型时期治国理政的应然向度［J］. 武汉：法学评论，2013，（5）：3－9.

实质合法性，其目的是保障人权，其过程是具体化思维。① 就其特点而言，法治思维是规范性思维，是“限权思维”。② 法治思维天然存在着保护权利的基本目标，一旦侵害了所保护的权利，法治思维就要运作，就要有反应，此为底线思维。

习近平总书记在系列重要讲话中多次强调政府及干部运用法治思维和法治方式的能力。法治思维要求国家工作人员应当具备法律规则意识，服从法律权威，运用法治方式，规范权力运行，化解公私权力之间的紧张关系，此为规则思维。

强调法治思维，就必须认识到其与人治思维根本对立、具有不可调和的内在冲突。这种冲突的根源在于，随着社会形态的变革，公民权利发生了从无到有，从不尊重到被保护的转变。通过法律保障公民权利、规范政府权力的要求势必与几千年封建社会形成的权力至尊、百姓无权的弊陋思维相矛盾。只有将“权利”置于“权力”之上，法治思维才有生长的空间，此为权利思维。

2. 法治思维在高等教育学生资助育人功能保障中的体现

2007 年《国务院关于建立健全普通本科高校高等职业学校和中等职业学校家庭经济困难学生资助政策体系的意见》（简称《意见》）对资助工作的重大意义、主要目标、基本原则、工作内容和要求都有所规定。作为学生资助的纲领性文件，其具有行政规章的法律属性，必然也体现着资助工作的法治要求和法治思维。《意见》中要求“确保资金落实……要切实加强助学资金管理，确保及时发放、专款专用。要加强监督

---

① 韩春晖. 论法治思维［J］. 北京：行政法学研究，2013，（3）：9－14.

② 陈金钊. 对“法治思维和法治方式”的诠释［J］. 北京：国家检察官学院学报，2013，（3）：77－96.

检查，对于挤占挪用资金、弄虚作假套取资金等违法违规行为，要追究责任、严肃处理”，体现了资助工作的底线思维，通过底线的设置，明确责任主任和责任承担方式。《意见》中详细规定了高等教育学生资助政策体系的主要内容，从资助类别、资金来源、资助比例和标准、保障措施等方面进行规范，建构了各省市、高校资助相关规定的框架，体现了资助工作的规则思维。《意见》中还明确指出“建立健全家庭经济困难学生资助政策体系，使家庭经济困难学生能够上得起大学、接受职业教育……是促进教育公平和社会公正的有效手段”，体现了权利思维，明确资助工作中法治客体是保障每位公民的受教育权。

（三）创新以法律责任为导向的育人机制

在法治思维下通过进一步创新机制，即要确保资助工作的合法有序开展，又使其育人功能在一个整体系统内发挥，并与其他活动具有良好的协同。作为权利实现的保障，法律责任的承担应作为学生资助育人机制的教育出发点及机制创新的核心。

一是要树立法律责任意识，强化学生诚信教育本着资助育人的教育理念。在育人机制设计中应该以法治思维为导向，强调学生所承担的法律责任，使大学生受资助权利受到规约，增加诚信意识和社会责任感。二是要完善“教育为先”的责任追究制度，营造良好育人环境。在高校教育的大环境下，有必要设计一套责任追究制度，既体现依法资助的管理要求，又体现“教育为先”的育人理念，针对不严重的、尚未违反法律规定的违规行为，进行责任追究。目前大多数高校对于虚报、瞒报家庭经济情况等弄虚作假行为，最多以谈话训诫的方式不了了之，使得学生无法确立正确的法律责任承担意识，甚至带来学生因为违“法”成本过低而轻视法律法规的现象。因此，在校级层面完善责任追究制度对高等教育学生资助育人功能的保障。具体来说，可以建立黑名单制度，在一定期限内取消违规学生的受助资格；也可以建立校园服务制度，要求学生以劳动的方式承担违规的不利后果等。

（四）发展性地关注“精准资助”的规范性完善

在全面实现小康社会的决胜阶段，习近平总书记提出了精准扶贫的要求和思路，其中明确要求落实教育扶贫政策。2017年学生资助新闻发布会上，全国学生资助管理中心主任田祖荫提出要“花好每一分钱，改大水漫灌为精准滴灌”，要大力推进精准资助和资助育人，把资助工作做得更有精度，更有人情味。在明确“精准资助全面推进”的目标后，提出三精准即“对象精准、力度精准和发放时间精准”的具体要求，可以说“精准资助”这一目标从概念到工作内容和标准都已基本确立，这正是新时期学生资助理念变革后给资助工作带来的内容重塑和价值更新。新时期高校学生资助育人机制就是要解决在经济弱势群体中如何培养全面发展的社会主义合格接班人问题，在依法治教的背景下，实现公民全面发展权利是资助育人机制的内在法律遵循。权利保障需要在法律规范框架下加以实施，鉴于“精准资助”是高校学生资助育人机制保障公民发展权的有效路径，在今后相当长的时期内，它将会是高校学生资助工作的主要范式，那么“精准资助”的规范性对于全面发展育人目标的实现就显得尤其重要。目前对于如何做好“精准资助”各地各高校还处于思路和方法的摸索过程中，比如利用大数据技术综合考虑地区经济和困难生比例以决定的资助财政拨款力度，资助对象在认定过程中与地方民政部门建档立卡工作的衔接，提高学生资助政策的针对性和有效性等等，然而所有相关工作都应该在规范化要求下形成制度并加以完善，最终与全面发展的育人目标相统一。

参考文献

一、著作、译著及编著类

1. 王保树：《商法经济法的动与静》，法律出版社 2015 年版。

2. 夏新华：《法治：实践与超越》，中国政法大学出版社 2004 年版。

3. 厉以宁：《经济学的伦理问题》，三联书店 1995 年版。

4. 张文显：《法理学（第二版）》，中国人民大学出版社 2003 年版。

5. 孙磊：《法治经济：市场经济的法治化道路》，人民出版社 2014 年版。

6. 张辉：《宏观调控权法律控制研究》，法律出版社 2010 年版。

7. 王卫国主编：《经济法治》，社会科学文献出版社 2016 年版。

8. 范水兰：《经济法权利研究》，法律出版社 2014 年版。

9. 靳文辉：《经济法行为理论研究》，中国政法大学出版社 2013 年版。

10. 徐子良：《“民商事”审判中经济法思维之应用》，法律出版社 2012 年版。

11. 曹胜亮：《社会转型期我国经济法价值目标实现理路研究：以马克思主义利益理论为视角》，武汉大学出版社 2015

年版。

12. 中国社会科学院法学研究所民法经济法研究室编：《我国经济法理论资料类编》，群众出版社 1984 年版。

13. 张五常：《经济解释》，商务印书馆 2010 年版。

14. 阳建勋：《风险社会中的法律责任制度变革：以经济法为中心》，厦门大学出版社 2014 年版。

15. 于维君：《经济法的历史合理性：基于社会演化的考察》法律出版社 2014 年版。

16. 佘发勤：《经济法律行为范畴研究》，中国检察出版社 2011 年版。

17. 王善迈：《教育经济学简明教程》，高等教育出版社 2000 年版。

18. 蔺翠牌：《中国财政法学研究》，中国财政经济出版社 1993 年版。

19. 陈共：《财政学》，中国人民大学出版社 1999 年版。

20. 胡家勇：《政府干预理论研究》，东北财经大学出版社 1996 年版。

21. 马翠军：《政府增长与秩序演进》，社会科学文献出版社 2008 年版。

22. 费孝通：《乡土中国 生育制度 乡土重建》，商务印书馆 2015 年版。

23. 程南，刘少军：《经济法理论的反思与完善：源于经济活动本体的体系化研究》，西南交通大学出版社 2014 年版。

24. 颜运秋等：《经济法实施机制研究：通过公益诉讼推动经济法实施》，法律出版社 2014 年版。

25. 王世勋主编：《经济法律保障机制及适用》，人民法院出版社 2000 年版。

26. 胡元聪：《外部性问题解决的经济法进路研究》，法律出版社 2010 年版。

27. 冯辉：《论经济国家：以经济法学为语境的研究》，中国政法大学出版社 2011 年版。

28. 刘精明：《国家、社会阶层与教育：教育获得的社会学研究》，中国人民大学出版社 2005 年版。

29. 张民选：《理想与选择：大学生资助政策的国际比较》，人民教育出版社 1998 年版。

30. 余漫：《贫困地区农村基础教育资源配置公平性研究》，社会科学文献出版社 2015 年版。

31. 吴海涛，丁士军：《贫困动态性：理论与实证》，武汉大学出版社 2013 年版。

32. 赵汀阳：《论可能生活：一种关于幸福和公正的理论》，中国人民大学出版社 2004 年版。

33. 王康平：《高校学费政策的理论与实践》，厦门大学出版社 2001 年版。

34. 冯宪芬：《社会公共利益的经济法保障研究》，西安交通大学出版社 2011 年版。

35. 孟庆瑜：《分配关系的法律调整：基于经济法的研究视野》，法律出版社 2005 年版。

36. 朱国华等：《从金融危机读解经济法总论》，同济大学出版社 2013 年版。

37. 席月民主编：《法律与经济：中国市场经济法治建设的反思与创新》，中国社会科学出版社 2015 年版。

38. 薛江武：《收入分配之经济法调节》，江西人民出版社 2011 年版。

39. 侯勃，沈阳：《社会主义经济立法研究》，甘肃文化出版社 2009 年版。

40. 张丽：《教育法律问题研究》，法律出版社 2007 年版。

41. 李帅军主编：《教育法规概论》，河南大学出版社 2014 年版。

42. 申素平：《教育法学原理、规范与应用》，教育科学出版社 2009 年版。

43. 秦梦群：《美国教育法与判例》，北京大学出版社 2006 年版。

44. 马怀德主编：《学校法律制度研究》，北京大学出版社 2007 年版。

45. 国务院法制办公室编：《中华人民共和国经济法典（第 3 版）》中国法制出版社 2016 年版。

46. 【美】E. 博登海默：《法理学：法律哲学与法律方法》，邓正来译，中国政法大学出版社 1999 年版。

47. 【美】弗朗西斯·奥克利：《自然法、自然法则、自然权利：观念史中的连续与中断》，王涛译，商务印书馆 2015 年版。

48. 【古希腊】亚里士多德：《政治学》，吴寿彭译，商务印书馆 1965 年版。

49. 【德】柯武刚，史漫飞，《制度经济学》，商务印书馆 2000 年版。

50. 【美】凡勃伦：《有闲阶级论——关于制度的经济研究》，商务印书馆 1997 年版。

51. 【美】罗伯特·库特，【德】汉斯 – 伯恩特·谢弗：《所罗门之结：法律能为战胜贫困做什么？How law can end the poverty of nations》，张巍，许可译，北京大学出版社 2014 年版。

52.【英】A·J·M·米尔恩：《人的权利与人的多样性——人权哲学》，夏勇、张志铭译，中国大百科全书出版社1995年版。

53.【美】布坎南：《民主财政论》，穆怀朋译，商务印书馆1993年版。

54.【美】斯蒂文·萨维尔：《法律的经济分析》，柯华庆译，中国政法大学出版社2009年版。

55.【美】安塞尔.M.夏普，查尔斯.A.雷吉斯特，保罗.W.格兰姆斯：《社会问题经济学》（第十三版），郭庆旺，应惟伟译，中国人民大学出版社2000年版。

56.【美】罗纳德·德沃金：《认真对待权利》，信春鹰，吴玉章译，中国大百科全书出版社2002年版。

57.【美】梅里利·S.格林德尔：《打造一个好政府》，商务印书馆2015年版。

58.【英】安东尼·吉登斯：《第三条道路：社会民主主义的复兴》，郑戈译，北京大学出版社2000年版。

59.【法】蒲鲁东：《贫困的哲学》，余叔通，王雪华译，商务印书馆1998年版。

二、期刊论文类

1. 胡光志，张美玲：《法律与社会的互动：经济法的民生价值及其展开》，载《西南民族大学学报：人文社会科学版》2016年第1期。

2. 刘水林：《经济法是什么——经济法的法哲学反思》，载《政治与法律》2014年10期。

3. 邱本：《论经济法改革》，载《国家检察官学院学报》2011年6期。

4. 焦海涛：《经济法主体制度重构：一个常识主义视角》，载《现代法学》2016 年 03 期。

5. 张中秋：《传统中国法特征新论》，载《政法论坛》2015 年 5 期。

6. 曹胜亮，向德平：《经济法价值目标的法社会学考证》，载《江西社会科学》2014 年 6 期。

7. 陈婉玲：《经济法调整：从“权力干预”到“法律治理”》，载《政法论坛》2014 年 1 期。

8. 肖京：《国家治理视角下的财政预算法治化》，载《法学论坛》2015 年第 6 期。

9. 李志强：《国际经济新秩序构建中全球经济法的价值重塑》，载《甘肃社会科学》2014 年 02 期。

10. 徐爱国：《法理念的文化冲突与中国法律的多元属性》，载《社会科学研究》2014 年 06 期。

11. 冯玉军：《略论当代美国法经济学理论流派——以研究视角为依据》，载《甘肃政法学院学报》2014 年 3 期。

12. 徐澜波：《我国宏观调控权配置论辨正——兼论宏观调控手段体系的规范化》，载《法学》2014 年 5 期。

13. 李激汉：《经济法制度融合：以权益为中心的理论考察》，载《西北大学学报（哲学社会科学版）》2014 年 3 期。

14. 张永忠，梅树林：《经济法的主体塑造：框架、工具与策略》，载《华南师范大学学报（社会科学版）》2014 年 2 期。

15. 张继恒：《社会中间层的经济法主体地位析辩——由“三元框架”引发的思考》，载《法制与社会发展》2013 年 6 期。

16. 范逢春：《城市新贫困：扶贫之囿与治理之道》，载

《理论探讨》2016 年 1 期。

17. 杨挺，李伟：《教育产权概念的经济学分析与现实法律思考》，载《教育与经济》2013 年 5 期。

18. 冯辉：《经济法实现“收入增长计划”的理念和对策研究》，载《法商研究》2012 年 4 期。

19. 徐孟洲：《经济法的理念和价值范畴探讨》，载《社会科学》2011 年 1 期。

20. 田巍：《论经济法的法域价值与现代回应》，载《求索》2010 年 9 期。

21. 魏增产，段祥伟：《论经济法的利益平衡原则》，载《河北法学》2010 年 1 期。

22. 裴波：《论市场经济下的高等教育管理改革》，载《中国经贸导刊》2010 年 24 期。

23. 冯瑞明：《市场经济与高等教育和谐运行机制初探》载《中国高等教育》2009 年 23 期。

24. 王斐民：《民法、商法、经济法视野中的诚实信用原则》，载《首都师范大学学报（社会科学版）》2010 年 4 期。

25. 顾功耘：《略论经济法的理念、基本原则与和谐社会的构建》，载《法学》2007 年 3 期。

26. 薛克鹏：《论经济法的社会本位理念及其实现》，载《现代法学》2006 年 6 期。

27. 刘俊祥：《现代国家的复杂性与包容性——实现社会公平正义的治理之道》，载《人民论坛 · 学术前沿》2015 年 24 期。

28. 臧乃康：《邓小平效率公平观探析》，载《黑龙江社会科学》1998 年 6 期。

29. 陈家付：《中国特色社会主义法治体系的价值支撑》，

载《兰州学刊》2015年9期。

30. 张国钧：《利益关系和实体态伦理分化——当今中国伦理分化的表层》，载《华中科技大学学报（社会科学版）》2014年4期。

31. 杜飞进：《中国现代化的一个全新维度——论国家治理体系和治理能力现代化》，载《社会科学研究》2014年5期。

32. 李晓燕，巫志刚：《教育法规地位再探》，载《教育研究》2014年5期。

33. 郝铁川：《权利实现的差序格局》，载《中国社会科学》2002年9期。

34. 唐晓嘉，蒋军利：《社会选择、公共理性与民主制度建设》，载《理论探讨》2015年5期。

35. 孙忠铭：《市场经济与高等教育办学理念分析》，载《陕西师范大学学报（哲学社会科学版）》2005年1期。

36. 刘旺洪：《国家与社会：权力控制的法理学思考》，载《法律科学》1998年第6期。

37. 蒋凯：《高等教育市场的影响与限度》，载《中国人民大学教育学刊》2013年6月。

38. 刘隆亨，章峥：《宏观调控中的人治与法治》，载《法学》1995年第10期。

39. 史际春，李青山：《论经济法的理念》，载《华东政法学院学报》2003年2期。

40. 刘笑平，雷定安：《论外部性理论的内涵及意义》，载《西北师大学报》（社会科学版）2002年3期。

41. 曲恒昌：《引入市场经济原则，增强高等教育的生机与活力——美英日法等国高等教育透视》，载《北京师范大学学报（人文社会科学版）》2001 年 3 期。

42. 董保华、郑少华：《社会法——关于第三法域的探索》，载《华东政法学院学报》1999 年 1 期。

43. 郁建兴：《走向社会治理的新常态》，载《探索与争鸣》2015 年 12 期。

44. 周新城：《研究分配问题必须有一个正确的方法论原则——重读〈哥达纲领批判〉》，载《北京交通大学学报（社会科学版）》2015 年 4 期。

45. 漆多俊：《论市场经济发展三阶段及其法律保护体系》，载《法律科学》1999 年 2 期。

46. 陈振明：《非市场缺陷的政治经济学分析》，载《中国社会科学》1998 年 6 期。

47. 陈秀山：《政府失灵及其矫正》，载《经济学家》1998 年 1 期。

48. 程信和等：《比较法在日本经济法发展中的作用及对中国的启示》，载《法学评论》1999 年 2 期。

49. 云昌智：《“干预论”的缺陷与经济法的定位》，载《中外法学》1999 年第 3 期。

50. 应飞虎：《市场失灵与经济法》，载《法学》2001 年第 6 期。

51. 邓纲：《侵权之诉还是政府干预——经济法与民法视野中的外部性矫正问题》，载《现代法学》2001 年第 1 期。

52. 刘剑文、熊伟：《预算审批制度改革与中国预算法的完善》，载《法学家》2002 年第 6 期。

53. 段宝霞：《我国高等教育财政收入问题探析》，载《东北师范大学学报（哲学社会科学版）》2010 年第 6 期。

54. 周乐、龙思红：《论财政体制改革对高等教育的影响》，载《辽宁教育研究》2007年第11期。

55. 刘晶：《后金融危机时代我国大学生资助实效性研究》，载《首都师范大学学报（社会科学版）》2012年第6期。

56. 刘旭东，梁丽，甘少杰：《美国联邦政府高等教育财政资助立法的历史发展与启示》，载《河北大学学报（哲学社会科学版）》2015年3月。

57. 易红郡，缪学超：《英国高等教育市场化趋向：经费筹措视角》，载《清华大学教育研究》2012年3期。

58. 陈晓宇：《成本补偿：面向21世纪中国高等教育投资的战略思考》，载《高等教育研究》1998年1期。

59. 蒋悟真，杨娣：《我国教育救助法律困境及其制度完善》，载《湘潭大学学报（哲学社会科学版）》2015年5期。

60. 崔世泉，袁连生：《大学学费管制的悖论》，载《江苏高教》2011年1期。

61. 杨明：《论高等教育中的市场失灵及其矫正》，载《浙江大学学报（人文社科版）》2004年4期。

62. 张民选：《对大学生直接资助政策的国际比较》，载《高等教育研究》1992年3期。

63. 李文利：《高等教育私人支出、家庭贡献与资助需求分析》，载《教育与经济》2006年1期。

64. 武彦民，李明雨：《关于财政分配对教育公平基础性作用的实证分析》，载《天津财经大学学报》2010年2期。

65. 胡弼成，李斌：《论高等教育质量调节的市场机制》，载《高等教育研究》2014年7期。

66. 刘海兰，吴喜平，郝永林：《公共服务与公共市场——我国大学举办体制改革研究》，载《湖北社会科学》2014年8期。

67. 刘炳君：《当代中国公共法律服务体系建设论纲》，载《法学论坛》2016 年 1 期。

68. 吴忠民：《从平均到公正：中国社会政策的演进》，载《社会学研究》2004 年 1 期。

69. 洪朝晖：《论中国城市社会权利的贫困》，载《江苏社会科学》2003 年 2 期。

70. 劳凯声：《教育市场的可能性及其限度》，载《北京师范大学学报（社科版）》2005 年 1 期。

71. 黄辉：《教育行政重大决策风险防控机制的理论建构——以 S 市为研究对象》，载《社会科学家》2015 年 10 期。

72. 金子元久：《高等教育市场化：趋势、问题与前景》，载《清华大学教育研究》2006 年 3 期。

73. 傅松涛：《回归和超越原理与基线——通约普适的全质教育社会生态理念》，载《中国法学教育研究》2012 年 1 期。

74. 屈桃，王涛：《依法治国视阈下高校学生管理程序正当研究》，载《学术探索》2015 年 5 期。

75. 刘霓：《国外中国研究中的民生视角与社会治理》，载《国外社会科学》2016 年 1 期。

76. 张恒山：《敬畏法律》，载《理论视野》2015 年 1 期。

三、学位论文类

1. 倪同木：《法学视野中的国家利益研究——以经济法为素材》，南京大学博士学位论文，2014 年。

2. 范水兰：《经济法权利研究》，西南政法大学博士学位论文，2011 年。

3. 赵亮：《我国助学贷款法律关系的宪政之维——从“风

险控制”到“权利保障”》，华东师范大学博士学位论文，2012 年。

4. 刘幼昕：《学生资助制度的责任伦理研究》，西南大学博士学位论文，2008 年。

5. 孟庆瑜：《分配关系的法律调整——基于经济法的研究视野》，西南政法大学博士学位论文，2004 年。

四、外文论著类

1. Seidl – Hohenveldern, International Economic Law, Martinus Nijhoff, 1992.

2. Derek. Bok, Beyond the Ivory Tower. New York, The President and Fellows of Harvard College, 1982.

3. Mark. Blaug, An Introduction to the Economics of Education. New York, The Penguin Press, 1980.

4. Easton. D, The Political System, Knopf, New York.

5. Heclo, H. Review Article: Policy Analysis, British Journal of Political Science, No. 2 1972.

6. Jenkins, W. I. Policy Analysis, Martin Robertson, London, 1978.

7. Friend, J. K. etal. 1974, Public Policy: The Inter – Corporate Dimension, Tavistock, London.

8. Ainley, P. (2004), The new “market – state” and education, Journal of Education Policy, 19, no. 4.

9. Cerny, P. (2007), Paradoxes of the competition state: The dynamics of political globalization, Government and Opposition, 32, no. 2.

10. Dill, D. (1997), Higher education markets and public

policy, Higher Education Policy, 10 nos. 3/4.

11. Geiger, R. (2004), Market coordination of higher education, The United States.

12. P. Teixeira, B. Jongbloed, D. Dill & A. Amaral (Ed.). Markets in higher education: Rhetoric or reality? . Dordrecht, Springer.

13. MARGINSON S, The Impossibility of Capitalist Markets in Higher Education, Journal of Education Policy, 2012, (27) .

14. AUERBACH P, Competition: The Economics of Industrial Change. Oxford: Basil Blackwell, 1988.

15. SLAUGHTER S, RHOADES G. Markets in Higher Education: Trends in Academic Capitalism, The Johns Hopkins University, 2011.

16. Philip G. Altbach, Patricia J. Gumport, and Robert O. Berdahl, American Higher Education in the Twenty – First Century: Social, Political, and Economic Challenges (Third Edition) . Baltimore, The Johns Hopkins University, 2011.

16. MARGINSON S, The Impossibility of Capitalist Markets in Higher Education, Journal of Education Policy, 2012, (27) .

17. CLARK B R. The Higher Education System: Academic Organization in Cross – National Perspective, Berkeley & Los Angeles, University of California Press, 1983.

18. MARGINSON S, Markets in Education, St Leonards NSW, Australia: Allen & Unwin, 1997.

19. JONES D R. Privatization, Burton Clark & Guy Neave. Encyclopedia of Higher Education (Vol. 1), Oxford: Pergamon Pres, 1992.

20. Marginson. Simon, Markets in Education, St Leonards NSW, Australia: Allen & Unwin, 1997.

21. Harvey, D. (2005), A brief history of neoliberalism, Oxford: Oxford University Press.

22. Ainley, P. (2004) . The new "market - state" and education, Journal of Education Policy, 19, no. 4.

23. Cerny, P. (2007), Paradoxes of the competition state: The dynamics of political globalization, Government and Opposition, 32, no. 2.

24. Slaguter, Sheila & Rhoades, Gary, Markets in Higher Education: Trends in Academic Capitalism, The Johns Hopkins University, 2011

25. Philip G. Altbach, Patricia J. Gumport, and Robert O. Berdahl. , American Higher Education in the Twenty - First Century: Social, Political, and Economic Challenges (Third Edition) . Baltimore: The Johns Hopkins University, 2011.

26. Organisation for Economic Cooperation and Development (2008), Tertiary education for the knowledge society, Paris: OECD.

27. Geiger, R. (2004), Market coordination of higher education: The United States, Dordrecht: Springer.

28. L. A Sheridan & George Keeton, The Modern Law of Charities, University College Cardiff Press, 1983, London.

29. R. H. Maudsley & E. H. Burn, Trusts and Trustees: Casesand Materials, London Butter worths, Reprinted in Singapore by Tien Wah Press (Pte) Ltd.

30. Hayek, Law, Legislation and Liberty: Rules and Order (I), The University of Chicago Press 1973.

31. U. S. Treasury Warns China Over Antimonopoly Efforts. The Wall Street Journal, http: //online. wsj. com/articles/u – s – treasury – warns – china – over – antimonopoly – efforts – 1410687635, last visited on Setp. 16, 2014.

32. Janos Kornai. Contradictions and Dilemmas: Studies on the Socialist Economy and Society, the MIT press, Massachusetts Institute of Technology Cambridge, 1986.

33. Josepf E. Stiglitz and Andrew Weiss, Credit Rationing in Markets with Imperfect Information, American Economic Review, Vol. 71. No. 3, 1981.

34. Stephen A. Ross, The economic theory of agency: the principal's problem, American Economic Review, Vol. 63, No. 2, 1973.

35. Gregory C. Chow, Challenges ofChina's Economic System for Economic Theory, American Economic Review, Vol. 87, No. 2, 1997.

36. La Porta R. , Lopez de Silanes F. , Shleifer A. and Vishy R. , Law and Finance. Journal of Political Economy, No. 106, 1998.

37. Sally Baldwin, Jane Falkingham. Social Change and Social Security. Harvester Wheatsheaf Published, 1994.

38. Amartya Sen, Choice, Welfare and Measurement, Oxford: Blackwell, 1982.

39. Robert Nozick, Anarchy, State and UtoPia, New York, Basic Book, 1974.

40. Jeremy Bentham, Theory of Legislation, ed. C. M. Atkinson, London, 1914.

41. John Rawls, A Theory of Justice, Cambridge, Mass, 1971.

五、网站类

1. 教育部网站
2. 财政部网站
3. 中国法院网
4. 中国政府网
5. 全国人大网
6. 全国学生资助管理中心网
7. 中国教育财政科学研究所网

后　记

高等教育规模化发展的当下，如何承担高等教育费用的问题日益突出，而高等教育学生资助作为教育费用负担的重要弥补途径正受到社会大众的关注。在法律层面明确并解决高等教育学生资助的价值理念、法律关系、制度设计、责任主体与责任承担等问题，将促进中国高等教育公平目标的实现，并进一步提高国家人力资本储备，为社会经济的可持续发展产生积极的影响。

笔者长期工作在学生资助第一线，是高等教育学生资助事业的添砖人。在实践中发现，中国高等教育学生资助政策体系自2007年建立以来，虽然惠及越来越多的寒门子弟，但政策的实施效果与既定目标仍存在差距。比如因资助理念局限导致资助政策或实施细则发生偏差，鼓励多元化力量参与资助的配套制度缺失导致资助来源渠道有限，社会信用体系不完善导致缺乏合理的贫困程度认定，资助方式缺乏个性化、系统化的整合，强调管理忽视育人所导致的经济资助与精神励志失衡等。

出于专业研究与实践思考的双重兴趣，从立题到撰文，笔者一直试图在学生资助本体研究的基础上，对其在高等教育规模化发展中的行为意义追根溯源，寻求其作为政府干预的理论立足点，最终通过法律研究的财政法进路设定假设与推论，强调高等教育学生资助法制化的紧迫性与必要性，提出完善高等教育学生资助法律的思考与建议，表达了一名普通教育工作者对于依法建全兼顾公平和效率的高等教育学生资助体系，依法确定高等教育学生资助总体目标的殷切希望。

通过正文六章的研究，本文较为深入地研究高等教育学生资助的法律问题，即在国家经济法体系下，以维护教育公平、提升教育资源配置效率、实现高等教育可待续发展为学生资助法律的基本价值，制定《高等教育学生资助法》及单项资助法规，建立解决当前学生资助工作困境的相关财政法律制度，创新学生资助可持续化发展的运营配套法律制度，从法律上授权且限制政府以学生资助为形式的干预国民收入再分配的权力，从而彰显国家对公民受教育权和发展权的重视和保护，为社会主义高等教育市场经济的持续稳健运行提供最基本的法律保障。

本文的研究尚有未尽事宜，譬如囿于高等教育学生资助在各国由于政治体制与市场形态的不同而带来的多样、复杂的模式限制，仅能结合美国一国进行制度的比较分析，缺乏比较样本的多样性和可比性。此外，由于国内高等教育学生资助法律的“本土化”研究文献的极其有限，本文的撰写无法“站在巨人的肩膀上看得更远”，然而这也给日后笔者进一步深入研究带来了无限可能与动力。

图书在版编目（CIP）数据

高等教育学生资助法律研究／柯心著．—北京：中国法制出版社，2018.5

ISBN 978-7-5093-9438-0

Ⅰ．①高…　Ⅱ．①柯…　Ⅲ．①高等教育-助学金-法律-研究-中国　Ⅳ．①D922.164

中国版本图书馆CIP数据核字（2018）第093225号

责任编辑　陈　兴　　　　封面设计　蒋　怡

高等教育学生资助法律研究

GAODENG JIAOYU XUESHENG ZIZHU FALÜ YANJIU

著者/柯心

经销/新华书店

印刷/北京京华虎彩印刷有限公司

开本/640毫米×960毫米　16开　　　　印张/16　字数/200千

版次/2018年5月第1版　　　　2018年5月第1次印刷

中国法制出版社出版

书号 ISBN 978-7-5093-9438-0　　　　定价：56.00元

北京西单横二条2号

邮政编码 100031　　　　传真：66031119

网址：http://www.zgfzs.com　　　　编辑部电话：66010405

市场营销部电话：66033393　　　　邮购部电话：66033288

（如有印装质量问题，请与本社印务部联系调换。电话：010-66032926）